あなたが輝くオーラ旅

33の法則

江原啓之

目次

第2章　計画を立てる時から旅は始まっています

第3章　旅をパワーアップするためにしたいこと

第4章 目的別 叶えたい願いがあるならこんな旅を

第5章　旅での疑問　知っておきたい5つの答え

【はじめに】

旅は人生の縮図です

近場から海外まで、旅を楽しむ人がますます増えています。バス旅行や手軽に行けるツアーも人気のように、子育てに追われていたけれど、これからは友達やパートナーと旅を楽しみたいと考えている人や、親孝行の旅をしたいと計画を立てている人もいることでしょう。近年ではパワースポット巡りがブームとなったこともあり、聖地を訪れる人も増えました。

私も旅は大好きです。日常から逸脱して自由を満喫する、家族や友達との思い出を作る、知らない土地での新たな発見など、旅の魅力について話し始めたら止まりません。けれどいちばんの理由は、旅を通じて人生を見つめ直すことができるからなのです。

本書は、単に旅を楽しむだけではなく、たましいの成長につながる旅にしてほしいという思いから生まれました。難しく考える必要はありません。ほんの少し意識を自分の心に向けるだけで、旅は生きるうえで大切なことを教えてくれる経験となるのです。

スピリチュアルな視点でみれば、旅は人生の縮図。私たちは感動するために生まれてきました。人生という旅を続ける中で「喜・怒・哀・楽」という経験と感動を通してたましいを磨いていくのです。

人生の旅とは、生まれてから死ぬまでを指します。ロングステイの旅だけが素晴らしいとは限りません。ショートステイであっても記憶に残る素晴らしい旅にすることはできます。たましいは永遠に続いていきますが、現世は一度きりなのですから、恐れず、さまざまなことにチャレンジしたいものです。

経験と感動＝人生という名の旅の名所。たとえば結婚も離婚も人生の名所です。転んで傷だらけになってでも、〝名所〟での経験を心に刻んだ人生は意味あるもの。多くの人が喜びに満ちた人生を望みますが、そもそも幸せなだけの人生を送る人はいません。なぜなら人生は光と闇。苦しみがあるから幸せを感じることができるのです。つまり幸福とは、辛苦を含めた人生という名の旅を味わい尽くすこと。面倒だから、アクシデントが怖いから、と旅に出ないのは、世捨て人を意味します。

昔から「苦労は買ってでもしろ」と言うように、同じ山頂からの眺めも、リフトで楽に登ったのと、汗を流しながら一歩ずつ登ったのとでは見える景色が違うはず。ハプニングに見舞われた旅のほうが心に残るということもあるのです。

私にしても、若き日に友人と2人で初めてヨーロッパへ旅した時のことが忘れられません。町を散策している折に悪党につきまとわれるという大変恐ろしい経験をしました。必死の形相で小さな雑貨店に飛び込んだのですが、そこで「どうした？」と声をかけてくれたのが現地に住む日本人男性。あの時の安堵感といったらありませんでした。しかも彼は武道家だというのです。悪党を追い払ってくれて事なきを得ました。

帰国後も一緒に旅をした友人と会うたびに、その時の話で持ちきりでした。怖かったということよりも、「あの人には本当に助けられた」「結果的にいい旅だった」と感謝の気持ちで盛り上がっていたのです。

なにより「旅先では気を引き締めて行動すべし」という教訓を得ることができました。つつがなく終えた旅であったら、私は過信し、いつか取り返しのつかない悲劇に見舞われていたかもしれません。

「あの時はどうなることかと思った」と振り返る旅の出来事も、過ぎてしまえば、かけがえのない経験。人生も同じです。病気、人間関係の軋轢、お金の問題、失恋、離婚、子育て、介護……苦難の種類、つまり人生の道のりでの難所は人それぞれですが、人生に無駄なことは一つもないのです。失うものがあれば、必ず得るものがあります。苦しい経験は人の心の痛みを知ることにつながり、悔しさは心のバネを生むといった具合に。

転ぶの「転」は転機の「転」。ただし、自力で立ち上がる覚悟を備えていることが大前提。私は講演などで「現世を生き抜くためには、転んでも饅頭を持って立ち上がるくらいの貪欲さが必要です」と説いています。

否が応でも自立心や自律心の芽生える旅は、自力で生きていくための修行であると言い換えることもできます。

人生の迷路にハマってしまう人は、自己憐憫、被害妄想、責任転嫁といった依存心で自らがんじがらめになっているのが常。時間は限られているのですから、自分で地図を広げて先へ進むしかありません。そして実際の旅と同じように、道に迷ったらわかる所まで戻ることが大切なのです。

そこで、スピリチュアルな面からみても、人生を好転させる有意義な旅の心得を記した本を作りたいと考えました。「33の法則」から旅と人生を重ね合わせ、生きていくうえで役立つ知恵として心に刻んでください。

有意義な旅をするためには、旅の目的を明確にしたうえで、まずはその目的に応じた場所を選ぶ。これこそが「人生を好転させる旅」の重要なポイントです。

実は、土地にもその場所その場所で放っているオーラがあります。オーラとは、たましいやすべての物が放つエネルギー。オーラの色や強弱は、人によって、物によって、また時によっても変わります。穏やかなオーラを放つ人がいれば、バイタリティーあふれるオーラを放つ人がいるように、土地にもオーラの個性があるのです。

ですから心が疲れている時には癒しのオーラを放つ土地へ、パワーが欲しい時には情熱的なオーラを放つ土地へ。そんなふうに、今のあなたの心身の状態に合った場所へ行く旅は、あなたの持っているオーラをより輝かせ、たましいの成長にとっても、意味あることになるのです。

さて、あなたが今、旅立つべき場所はどこなのでしょう？

本書では旅先に選ぶべき場所を見極めていただけるよう、47都道府県のオーラカラーと効能を巻末の綴じ込み付録でお伝えしています。また、人間関係、仕事、健康など、改善したい目的別に、適した旅の選び方をご紹介する章も設けました。

家族や友人との楽しい旅の思い出は心の糧となり、苦難を乗り越える力となることでしょう。ひとり旅は自力で生きていくために必要な強さをしっかりと養ってくれます。傷心旅行でも、自分と向き合えば、心に折り合いをつけて、次のステップへと向かっていくきっかけとなるはず。

旅は人生を反映する素晴らしい経験です。佳き旅であなたのオーラをさらに輝かせ、人生に磨きをかけて生きていきましょう！

第1章 〝効能ある旅〟に出かけましょう

これまでは、何気なくただ楽しむだけだった旅。それがちょっとの心がけや行動で、スピリチュアル的にも深い意味をもつ旅になるのです。まずは、何のために旅をするのか、目標をしっかり定め、さあ、どんな場所へどんな気持ちで行ったらよいのか、考えてみましょう。

法則
1

たましいの声に耳を傾け旅の目的を決める

あなたが旅に出る目的は何でしょうか？

「はじめに」でも触れたように、効能ある旅にするには目的を明確にしておくことが大切です。友達に誘われたから、安く行けるから、などとなんとなく安易に決めてしまっていませんか。人生の喜びは自分なりの目的を掲げ、達成することにあります。旅も同じなのです。

旅の目的は大きく2つに分かれます。1つは志気を高めたいというもの。もう1つは心身を癒したいというもの。

前者であれば、家族や仲間と賑やかに過ごす旅もよいでしょう。観光地をめぐり、ご当地グルメに舌鼓を打ち、温泉に浸かって夜は宴会……。楽しむという目的意識がはっきりとしていれば、リフレッシュして新たなパワーも得られます。

一方、後者の場合にはひとりで静かな場所へ出かけるのがよいのです。落ち込んでいる時には、誰かに寄り添ってもらいたい、弾けてストレスを発散したいなどと考えてしまいがちですが、自分を見つめ直す「内観」の時間をもつことが先決。日常から離れて自分の心と向き合いましょう。

ゆったりと流れる時間の中に身を置けば、自分はどうしたいのか？　どうすべきなのか？　が見えてきます。足元の靴ひもがほどけているから転んでしまうのに、それに気づかず立ち上がって走り出すのが〝ポジティブ〟ではありません。まずは靴ひもを締めなくては。自分の未熟なことに気づいていましめる、それが真の〝ポジティブ〟です。

たましいの声に耳を傾けることで、どんな旅をするべきか見えてくるはずです。

法則 2

旅で得た感動は天からのメッセージ

日常から離れ、自由を満喫できる旅は楽しいもの。それだけにとどまらず、スピリチュアルな視点でみれば、旅はたましいを成長させる絶好のチャンスなのです。

旅をしていて、日頃の自分の悪い癖が露呈していると気づいたことはありませんか？　無計画に行動していて最終バスを見逃してしまったとか、うっかり荷物を置き忘れてしまったとか……。日常生活の中では頑なになっていた心も、旅先ではふっくらと和らいでいます。すると素直な気持ちで「計画性を持たなくては」「うっかりしていてはいけない」と、自分の欠点を受け入れることができる。旅にはそうした効用があるのです。

そもそも旅には人生観そのものを一変させてしまう力があります。

山頂から望む輝くような朝日、海に沈む真っ赤な夕日、ふと見上げた空に広がる満点の星に心奪われたという人もいることでしょう。そこから得るのは生きていることの喜びや感謝、生きる目的、生きていくための勇気や希望。

旅では、心揺さぶられる経験も多いでしょう。絶景のみならず、旅先で知り合うさまざまな人との出会いや別れ、新たな発見など、たくさんの感動があります。旅は、世の中にはさまざまな価値観があることを諭し、狭くなっていた視野をグンと広げてくれるのです。

この世に偶然はありません。旅で得た感動は、すべて天からのメッセージ。スピリチュアルな視点で旅を見つめ、その意味を考えていくと生き方が変わります。

旅から帰った時、「明日から、新たな気分で頑張ろう!」と思えたなら、それは旅の中でたましいが成長した証です。

法則 3

旅での経験はたましいを磨く自己投資

思い立ったが吉日。旅に出たいと閃いたら、誰かの予定に合わせたりせず自分でスケジュールを調整して実行してください。「いつか」「そのうち」は怠惰な人の常套句。怠惰な土地に花は咲きません。

人生においても、運命を切り拓くのは自分。宿命と運命は違います。生まれた時代や性別、家族といった宿命は変えることはできませんが、運命は自分次第で変えることができるのです。

雑誌の旅行特集や誰かがSNSにアップした旅先での写真を見ながら、「行きたいけれど、お金も時間もない」などとつぶやいているだけの人は、「結婚したいけれど、出会いがない」と言いながら家に引きこもっている人と同じ。完全にチャンスを逃していています。人生を好転させるためのポイントは行動力とタイミング。そして生きていくうえで大切なのは、優先順位を決めることです。

今から15年以上も前、私は雑誌の連載企画で全国津々浦々の聖地を巡りました。聖地であるからこそ、たやすくは行けないような場所も多く、それでも多忙な時間をぬって訪れたあの体験は、私自身にとっても貴重な財産となっています。そしてつくづくと思うのです。「体力が充分にある30代のうちに訪れておいてよかった！」と。

優先順位を間違えると、できたはずのことができずに終わってしまいます。人生は有限です。今でなければできないことは何か、思い立ったらすぐに実行に移すようにしてください。お金がないから、と言い訳している場合ではありません。旅での経験はお金に変えられない得難いもの。たましいを磨くための自己投資なのですから。

法則 4

写真に夢中で景色を楽しまないのは本末転倒

旅先で記念写真を撮りたいという気持ちはわかります。けれど、写真を撮ることに夢中で、何も覚えていないというのでは旅をする意味がありません。

昨今では、「インスタ映え」するショットを撮ることだけに情熱を傾けている人も目立ちますが、それでは旅したアリバイ作りで満足ということになってしまいます。しっかりと心に刻んだ思い出は消えません。写真に収めなくては忘れてしまうような旅は、その程度のものでしかなかったということ。あなたの心のアルバムに残る旅にしましょう。

旅を思い出深いものにするためには、五感を駆使して堪能してほしいのです。たとえば草原へ旅したのなら、牧場の緑を目に焼きつけ、草木の匂いを嗅ぎ、風の音に耳を傾け、空気を胸いっぱいに吸い込んで、土地の作物を味わう。

五感に刻まれた記憶は、楽しい思い出と共に永遠の財産となる。これこそが旅の醍醐味です。

旅の記憶はかけがえのないもの。苦しい時や元気のない時に、目を閉じて楽しかった旅の光景を思い出すだけで力を与えられるということがあります。

どんな旅をするのか――。旅にはその人の生き方が表れています。

高級尽くしの旅にこだわる人は、普段から世間体を優先しているのかもしれません。添乗員のいるツアーでなくてはと思う人は、依存心が強いのでしょう。同様に、写真でおさえたからと満足して実際の景色を楽しんでいないような人は、本末転倒な人生を送ることになりかねないと私は思います。

旅のスタイルは、今のあなたが歩いている道を投影しているともいえるのです。

法則5

滋養と英気を得る〝プチ入院〟の旅を

ストレスの多い現代では、多くの人が疲れたと感じているのではないでしょうか。疲れているのは体だけではなく、心も悲鳴をあげています。肉体の疲労は、多くの場合、体を酷使することで生じ、心の疲労とは焦りや苛立ち、被害妄想といったネガティブな思いによって引き起こされるもの。そして疲れるとキレやすくなるといった具合に肉体とたましいは連動しているのです。

そんな時には体の滋養と心の英気を得る、いわばプチ入院の旅をおすすめします。

私は過去に2回、手術を受けたことがあるのですが、どちらの時も退院後に湯治《とうじ》に出かけました。

それは伊豆の温泉と、秘湯の発祥の地として知られる福島県の二岐《ふたまた》温泉。二岐温泉は秘湯というくらいですから山の奥にあります。宿から渓流に沿って点在する露天風呂まで、ガードレールもない道なき道を歩いて行くのです。たどりつくまでの道のりは長いですが温泉のお湯は柔らかく、渓流のせせらぎが心地よく、体も心もほっこりと癒されるのを実感しました。

スケジュールに追われる日々を送っていると、何もせずに過ごす時間はもったいないと感じてしまいがちです。けれどそれは忙殺されている証拠。心が疲れていることにさえ気づかないというのは、ただ事ではありません。そうした人こそ、温泉に浸かる以外は何もすることがないという場所へ旅するべきなのです。

自堕落な人生はいただけませんが、張り詰めてばかりでは続きません。ゆったりと過ごすことが目的のプチ入院の旅は、メリハリをつけて生きることの大切さを教えてくれるのです。

法則 6

旅先はインスピレーションで選ぶ

さて、旅をしよう、どこへ行こう？　という時、どう決めますか。効能ある旅の行き先を選ぶには、後述するようにいくつかの方法がありますが、いちばんシンプルなのは、インスピレーションで選ぶことです。

「そうだ、京都へ行こう！」というコマーシャルではありませんが、ある日、「旅に出たい」「温泉に浸かりたい」と閃くことがあります。それは、たましいが自由や安らぎ、あるいは今のあなたに必要な何かを求めているからなのです。

ここからは注意深く、自分の心の声を聞くことに集中しましょう。アンテナを立てていれば、たましいがどこへ行きたいのかを探ることができます。

たとえば「旅に行きたいなあ」と思っていた矢先に、友達から聞いた旅の情報、手にした雑誌に紹介されていた旅特集、読んでいた小説の舞台、感動した映画のロケ地……。あなたの心に引っかかるものはありませんか。

「京都へ行こう！」というポスターを見ても心が動かなかったのに、「東北へ行こう！」というポスターを見てビビッときたというなら、あなたの心を反映しているといってもいいでしょう。

京都などの歴史的建造物が多い場所へ行きたいと思うのは知識を得たい時。大自然を満喫したいのは疲弊している時。東京などの大都会へ行きたいのは向上心が高まっている時。自分の気持ちに素直に従い、たましいの望む場所を訪れれば、旅は私たちに大きなエネルギーを与えてくれます。

心ひかれる風景の写真を眺めたり思い描いて、その場所にたたずんでいる自分が見えたら、迷わず旅の予定を立てましょう。

法則 7

それぞれの土地にオーラカラーがある

オーラとはたましいが放つスピリチュアルなエネルギーのこと。強弱や明度の差はありますが、オーラのない人はこの世には存在しません。

オーラには感情を表す「幽体のオーラ」と人格を表す「霊体のオーラ」があり、各々に放つ色が個性です。たとえば優しい人は優柔不断でもあり、信念のある人は頑固でもあるといった具合に、人の長所と短所は紙一重。オーラカラーの特色にしても長所の裏には短所があり、一概にどの色がよい悪いとは判別できません。

オーラカラーは自分とは違うオーラと関わることによって感化され、あるいは苦難を乗り越えたましいを磨くことによって成長を遂げ、色を変えていきます。

またオーラの強弱や鮮度とは、その人の感受性が強いか弱いかを表します。強い人は人の気持ちに敏感に反応します。自らのオーラカラーの持つ特徴を十分に発揮しているということもいえるでしょう。逆にオーラの弱い人は感受性も弱く全体的に生命力や活気に欠け、自分の個性を眠らせたままにしている状態です。

オーラカラーは複数の色が重なり合い、グラデーションを描いていますが、赤、オレンジ、黄、黄緑、緑、赤紫、紫、青紫、青、青緑、金、銀の12色に大きく分類することができます。

人間や動物に限らず、実はオーラはどんなものにもあるのです。土地もそれぞれにオーラを放っています。本書の綴じ込み付録①「全国オーラカラーMAP」を使って、あなたの行くべき場所を見つけることができます（詳細は137ページ〜参照）。オーラカラーで選んだ旅先の土地は、そのオーラであなたをますます輝かせてくれることでしょう。

法則
8

海は「浄化」、山は「癒し」が満ちている

大自然を満喫したいと思うのはあなたの心身が疲弊している時だとお伝えしましたが、同じ自然であっても、海と山では効能が違います。

海には浄化のパワーがあり、山には癒しのパワーがあるのです。ネガティブになっている心を立て直したい時は海へ、弱気になっている自分を癒し励ましたい時は山へ旅するとよいでしょう。

海の神様が放っているのは、汚れものみ込み、清めてくれるパワー。今の自分をリセットし、何か新しいことにチャレンジしたい時、目標を定め直したい時は、海のある土地へ旅しましょう。

海そのものに浄化パワーがあるのですが、海水に含まれる天然の塩には強い浄化作用があります。ぜひ、砂浜に打ち寄せる波と戯れたり、潮風に吹かれたり、海水風呂に浸かったりして過ごしてください。

山の神様が放っているのは、大らかな癒しのパワー。前向きになれない時にもじわじわと心身を解きほぐして再生させてくれます。どっしりと構える山を眺めるだけでホッとします。森林浴をしながら瞑想したり、山を散策したり、澄んだ空気を胸いっぱいに吸い込んだりして、ゆったりと過ごしましょう。

エステにたとえれば海の効能は「垢すり」のようなもの。心や体に溜まった垢を洗い流せばスッキリします。山の効能は「パック」のようなもの。綺麗になった心や体に新たなエネルギーを与え、再生を促してくれます。

海も山もある場所で1泊目は海辺の宿、2泊目は山の宿に泊まることができれば最強ですね。

法則 9

パワースポットとスピリチュアルスポットの違い

多くの人がパワースポットとスピリチュアルスポットを混同しているようですが、パワースポットとスピリチュアルスポットは違います。

パワースポットとは、海や山、温泉など、心地よいエナジーを受けられるところを指します。極端な話、ここにいると気持ちがいいと自分が感じる場所はすべてパワースポットなのです。

自分が感じるという点が重要で、誰かにとってのパワースポットが必ずしもあなたにとってのパワースポットであるとは限りません。実際に私も、とある有名なパワースポットに行ったのですが波長が合わず、かえって体調を悪くしてしまったことがありました。

一方、スピリチュアルスポットとは、神社や寺などのある聖域のこと。聖地には清い浄化のエネルギーが満ちています。その中で自分の人生を見つめ直し、祈りを通して霊的世界とつながることができるのです。

この世にはさまざまな宗教がありますが真理は1つ。神社のエネルギーの源も1つですが、それぞれに個性があります。自分の心の内をみつめ、自分にとって意味のある神社を参詣することが望ましいのです。

パワースポットでは大いなる自然のエネルギーを受け入れる気持ちで過ごしましょう。スピリチュアルスポットは神様から叡智やインスピレーションなどを授けられる場所なのです。

基本的にパワースポットは「静」、スピリチュアルスポットは「動」であると覚えておくとよいでしょう。

法則
10
多くの聖地に行けばよいわけではない

聖地巡りで心得ていたいのは、まず、依存心で行くところではないということ。聖地は自分自身を見つめる場所。正しき実践ができるよう自分自身の足りない場所に気づくことが大切です。

そして、内観によって自覚した反省点の改善方法を考え、その上で、心と体が癒される時間が過ごせなければ意味がありません。慌ただしいスケジュールで行ったのであまり覚えてない、では何のための旅でしょうか。

各地のお寺や神社を参詣すると授けられる「御朱印」集めも人気のようです。けれど集めることだけが目的になっていては意味がありません。聖地を訪れる旅はスタンプラリーではないのですから、急ぐ必要もなし。ゆったりとした厳粛な気持ちで、旅に出た意味と向き合ってほしいと思います。

多くの聖地を競って訪れて数で満足するより、ここと決めた自分が好きと感じる聖地へ思いをこめて足を運びましょう。

お願いごとをした後、そのままにしていませんか。願いがかなった、あるいはかなわなかったけれど自分が成長する経験ができた、などご報告やお礼を伝えるために再び参拝するのが望ましいのです。

自分にとって聖地と感じる場所が見つかったら、そこについて深く知ることも大切。たとえば高千穂の天岩戸《あまのいわと》神社は、アマテラスオオミカミがお隠れになったという天岩戸をご神体とします。アメノタヂカラオノミコトが力ずくで岩を開け、二度とお隠れになれないようにと投げた岩の着陸地が長野の戸隠という伝説もあります。

そんな知識があれば聖地への旅はより深く充実したものとなることでしょう。

◇私にとっての日本のパワースポット　ベスト5

パワースポットとスピリチュアルスポット、いずれも絶対的評価は存在しません。あなたが好きだなと感じる場所を選べばよいと思います。このことを踏まえたうえで、私の思う「日本のパワースポット　ベスト5」と「日本のスピリチュアルスポット　ベスト5」をご紹介しましょう。

1位　富士山（静岡県、山梨県）
2位　知床《しれとこ》半島、摩周湖《ましゅうこ》（北海道）
3位　日向《ひゅうが》（宮崎県）
4位　淡路島（兵庫県）
5位　蔵王《ざおう》（山形県）

【富士山】

富士山は世界遺産に登録されましたが、「自然遺産」ではなく「文化遺産」であると認識している人は少ないのではないでしょうか。何が文化遺産たるゆえんなのかといえば、富士山は日本一の霊山（信仰の山）なのです。昔の人は、麓で禊《みそぎ》をして、白衣を纏って登りました。目指すは日本神話にも登場するコノハナノサクヤヒメノミコトが祀られている富士山本宮浅間大社。ご神体である富士山は神様が降臨なさる斎庭《ゆにわ》です。日本一高い山というだけで人々は登ってきたわけではなく、それほどのエナジーが宿るから。弾丸ツアーでちょっと立ち寄って、「はい、おしまい！」だけの気軽なレジャー気分ではなく、本来の意味にも思いを馳せてみましょう。何合目まででもよいのです。富士山に登る時は、日頃の感謝と敬虔な気持ちを備えてほしいと思います。

【知床半島、摩周湖】

そもそも北海道はアイヌの神々が君臨し、自然のパワーと調和のとれた素晴らしい文化を育んできた土地。中でも壮大な自然に恵まれた知床の旅は、私にとって特別な体験となりました。「知床」とはアイヌ語で《地の果て》という意味。厳寒の海を眺める断崖に続く知床は、それがゆえに人工的な開拓を逃れてきたのです。私には威厳を放つ知床の大自然が、物質主義的価値観にまみれた現代人の心に警告を鳴らしているかのように感じられました。

そして摩周湖。「霧の摩周湖」と呼ばれるように、白い霧が湖の水面を覆い、めったに全貌を見渡すことができません。私が訪れた時も最初はそうでした。ところが山頂付近の展望台から望んでみたら、ガラスのように澄んだ湖が広がっていたのです。見る者の心をたちまち清めてしまうほどの強い浄化のパワーを放つ摩周湖は、目には見えないエネルギーがあることを示す神秘の湖といえるでしょう。

【日向】

宮崎県の江田神社はひっそりとした小さな神社ですが、日本で最初の夫婦であるイザナギノミコト、イザナミノミコトを祀る格式高い神社の1つ。敷地内に今も守られている「みそぎ池」は、イザナギとの間に多くの神々をお産みになったイザナミが火の神を出産なさった折にやけどを負って亡くなり、それを嘆いたイザナギが禊をしたことで知られる伝説の池。「かけまくも畏《かしこ》きイザナギの大神、筑紫の日向の橘の小戸の檍原に……」と祝詞に残る日向という土地を訪れ、私は新たに生まれてくるエナジーが満ち溢れているのを感じ、生まれてきたこと、生かされていることに対する感謝の念でいっぱいになったことを覚えています。人生再生をかけたエナジーを得たいなら行くべき場所と私は思います。

【淡路島】

淡路島の伊弉諾《いざなぎ》神宮は、イザナギ・イザナミの両神を祀る日本最古の神社です。日本神話に「イザナギ・イザナミの男女神が国土を生むことによって日本という国が生まれた」と記されています。「国はじめ」のエナジーに触れた私は、いつの時も初心を忘れてはいけないと心に刻みました。

【蔵王】

スキーを思い浮かべる方が多いのではないかと思いますが、四季折々の美しさも蔵王の魅力。木々のエナジー、大地のエナジー、温泉のエナジー、すべてが整った癒しの宝庫です。自然霊が優しく見守ってくれているよう。

◇私にとっての日本のスピリチュアルスポット　ベスト5

聖地を訪れる時は、旅のついでに立ち寄るのではなく、聖地へ行くことを目的にしてください。素晴らしい神社には、波長の法則によって素晴らしい神職《しんしょく》さんがいらっしゃいます。同様に自分も高い波動に導かれてここを訪れたのだという認識を持ち、厳かな気持ちで参拝することが大切なのです。

1位　出羽三山《でわさんざん》（山形県）
2位　戸隠《とがくし》神社（長野県）
2位　高千穂《たかちほ》神社（宮崎県）
4位　走水《はしりみず》神社（神奈川県）
5位　須佐《すさ》神社（島根県）

【出羽三山】

羽黒山《はぐろさん》、月山《がっさん》、湯殿山《ゆどのさん》からなる「出羽三山」は日本の誇る霊山の1つ。数多くの修行者たちが厳しい修行を経て即身仏となっています。実際に訪れてみて、想像を絶するほどの霊的な空気を感じました。中でも湯殿山の生まれいずるエナジーは最強。羽黒山の山頂にある出羽神社でピリッと身の引き締まるような霊験あらたかな心持ちへと導かれたことも忘れられません。インスピレーションの冴えわたる月山、息吹を吹き込まれた湯殿山と合わせ、出羽三山は、私が訪れたサンクチュアリの中でも最高峰といえるでしょう。

【戸隠神社】

戸隠神社の特徴は浄化のパワーが強力なこと。人間関係に疲れ忙しさに追われていると、人はつい、不平不満を募らせたり、他者と自分を比べてひがんだり、誰かを恨んだりしてしまいがちですが、そんな時に参拝したいのが戸隠神社。心が清められ、謙虚な気持ちを取り戻すことができるのです。私はご社殿の前で、叡智に溢れた崇高なご神霊の存在をはっきりと感じ取ることができました。戸隠神社は人々に生きることの真理を諭してくださる、真の聖域だと思います。戸隠は温泉でなくても水がよいので、蕎麦もおいしいし、お風呂に浸かれば浄化されます。

【高千穂神社】

神話のふるさと九州の中でも私が心揺さぶられたのは、ニニギノミコトが降臨したと伝えられる高千穂でした。土地を代表する高千穂神社には、思わず感嘆してしまうほどの神々しいご神気が漂っています。手をかざすとピリピリとパワーが伝わってくる高千穂神社の境内の石。そして八百万《やおよろず》の神が集まり神議されたと伝えられる天安河原《あまのやすがわら》、雄大で神秘的な高千穂峡……。高千穂の放つエナジーは温泉にたとえれば源泉のイメージ。活力をあたえられること、この上なしの真のサンクチュアリといえるのです。

【走水神社】

ヤマトタケルノミコトの乗った船が激しい暴風雨に見舞われて沈みかけた時、妃であるオトタチバナヒメノミコトは自ら海に身を投じることで雨風を治めたといい伝えられています。オトタチバナヒメノミコトの祀られている走水神社は、包容力に溢れた優しいパワーに満ちているにとどまらず、ご社殿の向こうは神様の世界とつながっていると確信しました。素朴な神社ではありますが、神界をとても近くに感じられるのです。夫婦の問題、結婚、離婚など女性が自分の生き方を見つめる時にも訪れたい場所です。

【須佐神社】

須佐神社は山の奥にある古きよき日本が残るのどかな風景の中にある神社ですが、霊能者のあいだでは有名な聖地。ご祭神として祀られているスサノオノミコトが私の守護神であることから関心を持って出かけたのが最初でした。境内に一歩足を踏み入れた途端に感じた強烈なパワー。それと同時に清々しいご神気に包まれ、自分のたましいの故郷に帰ってきたように感じ、心を打たれてしまいました。それ以来幾度訪れたことでしょう……。崇高なエネルギーに満ちた神社です。

ここで紹介した中には、いわゆる「知る人ぞ知る」というような、観光地化されていない場所もあります。心ない人たちによって、聖域が荒らされてしまわないことを祈っています。

日本の中でも強力なエネルギーを
感じる場所です

富士山の噴火を鎮めた御神徳により崇敬を集める富士山本宮浅間大社は、全国に祀られている1300以上の浅間神社の起源となる総本宮です。

月山神社、出羽神社、湯殿山神社からなる出羽三山神社。出羽三山は明治時代までは修験道の山でした。写真は羽黒山山内にある五重塔（国宝）。

第2章 計画を立てる時から旅は始まっています

旅立つ場所が定まってきたら、さて、誰と行ったらよいのか？　何を持っていったらよいのか？　計画を立てましょう。そこからすでに、あなたの旅がどんなものになるか始まっています。また、遠くへ行くだけが旅ではないので、身近でも旅の効能を得られる方法もあるのです。

法則
11

まず訪れたいのは産土《うぶすな》の神様と氏神様

聖地へ行きたいと思った時、多くの人が思い浮かべるのは、全国でも名の知られた由緒ある神社仏閣や話題のパワースポットなのではないでしょうか。間違いではありませんが、それは灯台下暗しというもの。あなたが最初に訪れるべきは、産土の神様と氏神様です。

産土の神様とは、あなたが生まれた土地を見守る神様のこと。また氏神様とは、あなたが住んでいる土地を統じる神様のことです。

特別な信仰をもっていようといまいと、誰もが神様に助けられて生まれ、神様に見守られながら生き、そして神様に導かれてこの世から去っていくのです。

中でも産土の神様は、この人の一生は私が担当すると名乗りを上げてくださった縁の深い神様。そのことを忘れてはいけません。

実は私は、スピリチュアリストとして30周年を迎えた2017年、産土の神様である深川のお不動さんに奉納しました。感謝の気持ちをお伝えするのと同時に、新たな気持ちで頑張りますと誓いを捧げたのです。

一方、氏神様は、今のあなたを守ってくださっている身近な神様です。初詣などで由緒のある有名な神社仏閣を訪れることもよいのですが、自分にとっての聖地を見つけたいと思うなら、氏神様を参拝し、「いつも見守ってくださり、ありがとうございます」とご挨拶をすることから始めましょう。

氏神様は家からいちばん近い神社であるとは限りません。神社の管轄は住所によって決まっています。氏神様や産土の神社にあたる神社がわからないようなら、各都道府県の神社庁に問い合わせをすれば教えてくれるはずです

法則
12

冒険の旅をしないほうがよい時もある

何だか物事がうまく運ばない時、旅で気分転換を図りたいと考えている人も多いことでしょう。ネガティブな気持ちは自分で切り替えなくてはいけないという前向きな発想は素晴らしいと思います。

しかし、現状から脱出したくなる、それはバイオリズムの低い時期にいるからかもしれません。占い的な言い方をすればいわゆる「運気が悪い時期」ということになりますが、私は人生には「よい運気」も「悪い運気」もなく、あるのは目標に向かって立ち上がる「行動時期」と、静かに自分を見つめる「内観時期」だと捉えています。

バイオリズムの低い、つまり内観すべき時期であっても旅行してはいけないということはありません。むしろ「内観時期」にこそ行くべき旅もあります。ただここで注意しなければいけないのは、そんな時に冒険をしてはいけないということ。思うようにことが運ばない、そんな気持ちでクサクサしていると、やけになって大胆な行動をしがちですが、この時期には賛成できません。バイオリズムの低い時期はトラブルを寄せやすいので慎重に行動する必要があるのです。

そこで私が提案するのは、以前行ったよい思い出のある場所へ行くというもの。行ったことのある場所なら勝手もわかります。心にゆとりを持って行動することができるので、たとえトラブルがあっても冷静に対処することができるはず。同じルートをたどり、できれば宿でも同じ部屋を指定しましょう。

バイオリズムが低い時の旅は、希望につながる楽しい思い出のある場所限定。そこで自分をゆっくりと見つめてみることです。

法則
13

〝旅の効能〟は日常でも感じられる

旅は、たましいの成長につながる素晴らしい体験です。けれど旅に出なくてはたましいを磨けないというわけではありません。仕事や家事で忙しくて旅する時間がない人や病気だったり体力的に旅へ出られない人が幸せになれないのかといったら、もちろんそんなことはないのです。

そもそも、たましいにとって大切な場所は肉体、そして拙著『自分の家をパワースポットに変える　最強のルール46』（小学館）にも記していますが、日々の生活を送る住まいです。いかに名高いパワースポットへ旅したところで、これらをないがしろにしていたのでは人生が好転するはずもありません。

日本古来伝わる歳時記を暮らしに取り入れるのも大切なこと。たとえば年末の「すす払い」は新しい年神様をお迎えするための、「初詣」は神様と向き合い、ご挨拶をするための行事。聖地にお参りするだけでなく、感謝の念を胸に暮らすことが重要です。こうした日々の営みが、悪しき低い波長を跳ね除け、よき波長を引き寄せることを忘れてはいけないのです。

月に1度は「浄化の日」を作り、徹底的に部屋の掃除をしましょう。そしてごほうびとして、夕食はとっておきの食材を使ったりレストランでゆっくりと食事を楽しみましょう。寝る前にはきれいに磨いたお風呂につかり心と体の汚れを洗い流します。それが心も体もリフレッシュする旅と同じ効能の「日常版」です。

また旅に行けない時は、綴じ込み付録②の「12色オーラカード」を使って、行きたい場所や気になる場所のパワーにあやかることもできます（詳しくは140ページ参照）。遠くへ行けなくても、旅の効能を日常の中で感じることはできるのです。

法則
14

旅に行けなければ写真で「心の旅」を

美しい景観の写真や風景画を見て、「行ってみたい、ここへ行ったら……」と夢想することがあります。これを私は「心の旅」と呼んでいます。実はそれでも旅したような力を得ることができるのです。

夢は具体的に思い描くことから叶います。あの地へ旅するにはどうしたらいいのか考えたら、無駄遣いをやめて旅貯金をする。あるいはダラダラ過ごしている時間を見直してスケジュールを空けようと計画することでしょう。強く願い、夢を叶えるために努力する力、つまり念力が強ければ、願っていた旅へとつながっていくはずです。

しかし、家族や仕事、健康上の理由など、今すぐ旅に出るのはどうしても難しいという事情があるかもしれません。

そんな時こそ「心の旅」です。見ていて気持ちが落ち着く、あるいは元気が湧いてくる、といった自分が惹かれる風景の絵や写真を眺めたり部屋に貼って、旅しているような夢想をするのです。

それだけでもあなたの心はリフレッシュされたり、憧れの土地のパワーにあやかれるのです。

綴じ込み付録②の「12色オーラカード」には「心の旅」をしていただきたいという思いを込めて、それぞれのオーラカラーを放つ聖地の写真を入れました（詳細は140ページ参照）。

旅するのは無理だから、とあきらめてしまうのではなく、それはあなたの気持ち次第。心の持ち方、想像力で、思い描く旅のパワーをいただきましょう。

法則
15

旅の計画は人任せにしない

この世においしい話はありません。楽をしていいところ取りだけをすることはできないのです。これはパワーバランスによるもの。人生の正と負は振り子のように、正に振れれば同じだけ負に振れる。負に振れても同じだけ正に振れる。その意味で誰の人生も平等だといえるのです。

旅にしても、素晴らしい旅にしたいと思えば、行き当たりばったりや人のプランに乗っかってラクするだけではなく、自分でも準備をしっかりすることが必要。思いつきのままの気まぐれな旅やツアーで行く旅ももちろんよいのです。ただ、効能のある旅をしよう、と目的を持ったなら、自分の意志で計画を立てましょう。

あなたは旅の計画を人任せにしていませんか？

私の知る限り、そういう人に限って「あの人に任せておいたらひどい目にあった」などと文句を言うのが常。それなら最初から人任せにしなければよいのです。

効能のある旅にするためには、何のために旅するのか、旅を通してどんな自分になりたいのか考え、旅と自分の生き方を合わせて考えなければいけません。同行者がいるのであれば、その人の意見も聞いて一緒に計画を練る。ツアーに参加する場合でも、自分でルートや宿、観光したい場所に関する勉強をしたうえで訪れればより深まるでしょう。

人生も旅と同じで、いつも人任せの旅しかできない人は、普段の生活でもどうしたいのか明確に考えて実行することができず、人任せの人生を送っているのです。

旅は人生の修行の場。自分で計画を立てて旅を楽しむことができる人は、自己責任で生きることができる人でしょう。

法則

16

ひとり旅でたましいの自立を促すレッスンを

スピリチュアルな視点で捉えた時に、旅には命の洗濯である意外に、もう一つ、大きなテーマがあります。それはたましいの自立。そこで私はひとり旅をおすすめしたいのです。

ひとり旅は苦手だという人がいますが、人は誰もがひとりで生まれて、ひとりで死んでいきます。実は誰の人生もひとり旅なのです。ですから誰かといないと心細くて不安だ、孤独は嫌いだという人は生きづらいはず。それればかりか依存心の強い人のたましいは、この世を去ったあともなかなか浄化できません。ひとりで旅立てないと、この世をさまよい続ける未浄化霊となってしまいます。

この世で体験するひとり旅は、たましいの自立を促すためのレッスン。旅には予期せぬアクシデントがつきものですが、自分で決断し、自分で対処して乗り越えていく。そうして培った強さは必ず生きていくうえでの強さとなります。

ひとり旅をする勇気がないというのであれば、部分的なひとり旅をしてみてはいかがでしょうか。宿や夕食は誰かと一緒でも、日中は別行動をとるのです。ひとりで街に飛び出せば、同行者の好みやテンポに合わせる必要はありません。本当の自由は孤独の中にしかないのです。

ひとりでなければできない発見や出会いもあるでしょう。自身が知らなかった自分を見出すこともできるでしょう。周囲の人のありがたさを痛感するかもしれません。そうした気づきを得ることが、守護霊と対話をするということなのです。

ひとりで旅をしてみましょう。自分の人生の主役は自分であると確認するために。自力で人生を歩んで行くために。

法則 17

荷物の大きさに生き方が表れる

同じ旅をするのに、小さなカバン1つという人もいれば、大きなキャリーバッグを引きずってくる人もいるといった具合に、旅の荷物は人それぞれ。実は荷物の大小には、その人の心模様や生き方が表れているのです。

荷物の少ない人は、無駄なことが嫌いな合理主義者。理性的に物事を捉え、それはそれ、これはこれと割り切ることに長けています。

一方、荷物が多い人は心配性。もしかしたら天候が急変してしまうかもしれないから雨具や防寒具も詰めておかなくては、などと考えているうちに荷物が多くなってしまうのでしょう。

心配性の人は日頃から気苦労が多く、それがために心身疲弊していることも多いのです。確かに人生は思わぬトラブルが起こるものですが、ネガティブなことを思い描いていたらキリがありません。「どうしよう」という負の念がネガティブな事態を引き寄せてしまうこともあります。

そこで旅の荷物が多くなってしまいがちな人は、「なったらなった時のことだ」と腹を括る強さをもちましょう。そのための第一歩として、荷物の断捨離から始めてください。不安を手放し、たとえトラブルに見舞われてもその時その時で何とか切り抜けていけることを旅は教えてくれるでしょう。

また、荷物が大きいのはパッキングが下手だということもあると思います。カバンの中がゴチャゴチャなのは心が乱れている証です。心を落ち着かせ、きちんと整理して収めれば、もっとコンパクトにできるはず。

荷物も心もすっきりと身軽にして旅に出かけましょう。

法則 18

身を守るために必携の〝お祓いグッズ〟

土地には歴史的なエナジーが染みついていることがあります。たとえば、かつて戦があった場所には悲しみややりきれない想いが残っているかもしれません。

また部屋にさまざまな念が染みついていることもあります。私は宿泊先の部屋に入ると、前に泊まっていた人の感情を感じ取ることがあります。諍いをしたカップルが泊まっていた部屋に滞在すると、無性にイライラするといったことが起こり得るのです。

そこで旅には〝お祓いグッズ〟を持参します。まず1つめは粗塩（海の天然塩が理想的）。塩には浄化作用があるので、宿泊する部屋の扉の脇に盛り塩をしたり、ベッドの四隅にまくなどするとよいのです。その時に大切なのは「身を守る！」という念を込めて行うこと。「これでよし！」と心丈夫になることがネガティブな念を遠ざけるのです。

そしてもう1つが水晶です。透明な水晶は魔除けの力を持つ心強いアイテム。水晶のペンダントやブレスレットを身につけていれば、ネガティブな波動を寄せつけないバリアを張ってくれます。人混みが苦手、という人にも水晶をおすすめします。その他、いつも身につけて安心できるラピスラズリ、ローズクオーツ、アメジストなどのパワーストーンがあればエネルギー的なサプリメントとしてあなたを守ってくれます。

旅先ではさまざまな念に遭遇することがあります。このように浄化作用やバリアの役割をして自分を守ってくれる塩と水晶などのパワーストーンは、オーラ旅での必携品といえるでしょう。

COLUMN 1

守護霊に導かれて熱海へ

私が静岡県熱海市に「スピリチュアル・ヒーリング・サンクチュアリ昌清庵」を作ったのは2013年。かねてより学びの場としてふさわしい土地を探しており、最初は軽井沢に着目していました。というのも敬愛する偉大なヒーラー、故・ハリー・エドワーズの残した「ヒーリングサンクチュアリー」が、豊かな自然に恵まれたロンドン郊外にあり、日本で雰囲気の近いところといえば軽井沢だと考えていたからなのです。

そこで軽井沢に幾度か足を運びましたが、ピンとくる物件にめぐり合うことができないまま時が流れていきました。そんなある日のこと。当時、私は大規模な公演の準備に追われ、いつもにも増して多忙でしたが、突然ぽっかりと、2日間の休暇がとれる流れとなりました。

これはヒーリング・サンクチュアリに向けて動く時期がきたという守護霊からのメッセージだと受けとめ、休暇の1日目は軽井沢へ向かったのですが、やはりこれという物件はみつかりませんでした。帰宅後もどうしたものかと思案していたところ、「熱海」という文字が脳裏に浮かんだのです。

　休暇の2日目は休息をとるつもりでしたが、予定を変更し、私はひとりで熱海の地を訪れました。駅を出て、導かれるままに坂道を登

って行く道すがら、大きなエナジーに包まれていることを感じ、「軽井沢ではなく、熱海だったのだ」と確信を覚えたことが忘れられません。
　熱海は浄化の海と癒しの山に恵まれています。日本一の霊山である富士山を源流とする清らかな水、たましいのデトックスにふさわしい温泉、四季折々の自然……。これはのちに知ったことですが、昔から熱海には、さまざまな霊的求道者が根を下ろし、祈りを捧げてきたとのことです。
　私は導きのままに歩き、売りに出ていた1つの物件に強く心惹かれました。お化け屋敷

のようになってはいましたが、生い茂る森林の中へ踏み込んで行くと敷地内に川が流れ、神秘的で清らかなエナジーに包まれています。ここしかないと思いました。実のところ、その時点では先約者がいたのですが、幸いにして譲っていただけることになったのです。

　こうして霊界から与えられた聖域を私は自らの守護霊である昌清霊にちなんで「昌清庵」としました。私個人の所有物ではなく、一般財団法人スピリチュアリズム協会の研修所として誕生させた「聖域」です。

　歴史のある古民家と樹齢を重ねた木々に見守られた庭園には、日本の文化が宿っています。故きを温ねて新しきを知る。「昌清庵」は、進化の目覚ましい日本人が、いま忘れてしまっている大切なことを教えてくれる心休まる空間です。

　修行道場として設けた「昌清庵」で、人格と霊格に優れた後進の育成に力を注いでいきたい。そして私自身も熱海のスピリチュアルパワーに触れ、初心を忘れず、精進していく覚悟です。

第3章 旅をパワーアップするためにしたいこと

旅の道中や目的地に着いたら、どんなふうに過ごせばより大きなパワーにあやかれるのでしょう。聖地を訪れる時に気をつけるべきことや、もしハプニングがあってもそれをどう受け止めるか知っておけば、旅によって、あなたのたましいも成長したことを感じられるでしょう。

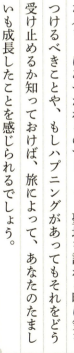

法則
19

最短距離がベストとは限らない

旅の計画を立てる時に、移動時間はできるだけ短くしたい、と考える人が少なくありません。けれど果たして合理的な旅だけがよいといえるでしょうか?

私は常々、物事は結果ではなく過程が大切なのだとお伝えしています。結果を急げば近道を探ることになりますが、最短距離で目的にたどり着いた人の人生が必ずしも実りが多いとはいえません。

道草をしたからこそ道端に咲く花の存在に気づくということがある。遠回りをしたからこそ、人の情に触れ、感謝の念を抱くということだってあるのです。

約束したり相手がいる場合、日常生活では時間厳守は当然です。でも旅に出た時にはのんびりと「旅のための旅」を楽しんでみてはいかがでしょう。飛行機で行けるところを、鈍行列車を乗り継ぎ、バスに揺られて。

車窓から眺めるのどかな風景、素朴な駅、人々の暮らしぶり……。原風景と重ね、懐かしさでいっぱいになるかもしれません。いつかこんな暮らしをしてみたいと夢が広がるかもしれません。

家を出た時から旅は始まっています。せっかくの機会に、道中ずっと寝ていたり、スマホとにらめっこ、ではもったいない。しかも目的地までの道程は1つと限られているわけではありません。あえて道草してみようかという柔軟な発想が旅の楽しさを2倍にも3倍にも膨らませてくれるのです。

結果を出さなければ意味がないといった成果主義の蔓延する世の中ですが、のんびりとした旅の味わい深さを知れば、人生の旅も焦ることはない、自分のペースで歩んでいけばよいのだと達観に至ることでしょう。

法則 20

目的地に着いたら地面の近くで過ごす

私は旅先の宿に到着してチェックインをすませても、すぐに部屋に向かうことはしません。まずはなるべく地面に近いロビーでゆっくりと過ごします。荷物を部屋に置いてからでもよいのですが、いずれにしても自分のオーラを土地のオーラと馴染ませることが快適に過ごすコツなのです。

自然に囲まれた場所であるなら、その後も部屋にこもっているなんてもったいない。旅は日頃の疲れを癒すための大切なヒーリング・タイムでもあります。森林を散策するなど地面を踏みしめて、大地の上で過ごしましょう。

自然の中に身を置けば、肉体が沈静化する一方で、たましいは活性化してきます。

大地のエネルギーは「なんだかマンネリ気味でやる気が出ないな」「人間関係に疲れたな」といった心の疲れも癒してくれます。

また、「細かいことでそんなに悩まなくてもいい」「なんとかなる」と大らかな気持ちが芽生えてくるはず。これは肉体とたましいが調和し、本来の自分を取り戻すことができるからなのです。

大地のエネルギーとはたくましく生きていくための力。植物も人間も地面に根づくことから始まり、芽を吹いて、実をつけるのですから、大地にしっかり足をつけてパワーを取り入れるのは旅先はもちろん普段からとても大切なことだといえます。

できれば季節に1度は自然に触れる旅に出たいもの。日帰りでも近場でもかまわないのです。露天風呂に浸かったり、大地のエネルギーの高い旬の根菜料理を食べれば、それだけでも生きる力が湧いてきます。

大地の持つ力を有効に活用し、元気をお土産にして帰りましょう。

法則
21

観光地巡りだけでなく自然を感じる旅を

自然に触れる旅はリフレッシュするための最高の手段です。

ハワイなどの観光地では、ショッピングを楽しむことも気分転換になりますが、芯から元気になるには自然に触れなくてはいけません。

太陽を浴び、季節の風を感じ、植物からパワーをもらう。植物は眺めるだけではなく、五感で触れましょう。花の香りを嗅ぎ、風に揺れる木々の音に耳を傾ける。葉の手ざわりを感じ、果実を味わう…それだけでより多くのエネルギーを分けてもらうことができるでしょう。

熟睡できないという人がいると、私は寝室に観葉植物を置くようアドバイスします。植物は人の心を鎮めるオーラを放っているのです。心配事があっても、リビングに切り花を活ければ、それだけで癒されるはず。植物のオーラは白です。純白なエネルギーを発しているから私たちは植物を見ているだけでリラックスし、新たなエネルギーを与えられるのです。

部屋の中に植物を置くだけでエネルギーをもらえるのですから、大自然の中に行けばさらに効果絶大。心と体がクリーニングされ、生きる力が湧いてきます。

肉体を車とするなら、運転手はたましい。車が壊れても、運転手が倒れても人生は立ち行かなくなってしまうのです。この世を上手く生き抜くためには心と体の自己管理が必須条件。ですから観光やレジャー目的の旅であっても、自然の中に身を置いて心身をやすめる時間を設けるようにしたいもの。

豪華なホテルで過ごすだけが贅沢な時間ではありません。自然に触れる旅は「来てよかった」と心から思う充足感があるはずです。

法則
22

パワースポットではゆっくりと深呼吸

英気を養うために訪れるパワースポットでは、最低でも1時間はのんびり滞在するようにしましょう。一つところでゆったりと時間を過ごすことができない人は、普段の生活でも慌ただしく落ち着きがありません。旅先は日常から離れ、無心になって自分を見つめ直すのによい機会です。

まずは、気持ちを落ち着ける場所を見つけてゆっくりと深呼吸をしましょう。公園のベンチなどに座ってもいいのです。鼻から深く息を吸い込み、口から少しずつ吐き出します。同時に、頭、手、足など全身から汚れたエネルギーが出て行くことをイメージをしてください。この呼吸法を3回繰り返して心を落ち着かせます。

頭の中を空っぽにして、ゆったりとした時間に身を任せる態勢が整ったら、次にたましいの声に耳を傾けましょう。

静かに目を閉じて、自分はどうなりたいのか？　そのためには何が欠けているのか？　どんなことを改善しなければいけないのか？　と内観するのです。自分を客観的に見つめることができたら、最後にもう一度、今度は自分のオーラが大きく強くなるのをイメージしながら深呼吸してください。

パワースポットで得ることのできるパワーとは、魔法のように問題を解決する力ではありません。パワーを単にもらっただけでは、すぐになくなってしまいます。自分の内側からパワーをわかせるように、あなた自身がパワースポットになれるようにすることとです。素直な気持ちで自分を見つめることとの大切さに気づく力、そして淡々と歩んで行こうと心に誓う聡明さ。それが次へのステップへつながっていく大切なパワーなのです。

法則
23

その土地の旬の食べ物からエネルギーを

旅では食事も大きな魅力の1つです。ぜひ、旅先の旬の食材を使った料理を食べてください。その土地に満ちているエネルギーを直接体に取り入れることができます。

「食べるもの」が私たちの体と心を作ります。体と心が喜ぶものを食べれば元気になる。このことをスピリチュアルな見解でいえば、たましいの喜ぶものを食べればオーラが輝くということになるのです。

スピリチュアルな食材には、「太陽のエネルギー」と「大地のエネルギー」からつくられる野菜、パワフルなエネルギーを秘めた豆類・乳製品、海の栄養がたっぷりこもった海藻や貝類などがあげられます。天然水が湧き出る土地では、浄化のパワーに優れた水もあります。

地方ごとに掲げられている名産と呼ばれる食べ物は、その土地のエネルギーと波長が合い、それだけにパワーをぐんぐん吸収して育った食べ物。おいしくて、元気になるのは当たり前なのです。

こだわりたいのは品質。よい品質の食べ物とは、日、水、土、風のパワーを含んだ旬のものを指します。体のみならず、健康なオーラのためにもよい品質の食材を摂るのは大切なことです。

昔と違い、今は旬に関係なく多くの野菜をほぼ一年中食べることができるようになりました。でも便利さの代償として季節感という大切なものが薄れてきてしまったといえそうです。

食事を通じて季節を味わう。これも旅の醍醐味なのです。

法則
24

温泉はデトックスできる「簡単除霊」法

大地のエネルギーを含んだ温泉は、スピリチュアルなヒーリング効果に溢れています。

ストレスフルな毎日の中で汚れたエクトプラズム（人間の中にある目には見えない生体エネルギー）が溜まると、心にもネガティブな感情が溜まり、結果として自分で自分に疲れてしまうのです。

普段から入浴は大切ですが、天然温泉には「簡単除霊」といえるほどのデトックス効果があります。中でも陽の光や月の明かり、風、木々の緑や海、季節感などをゆっくりと味わうことができる露天風呂は、森羅万象を図る五行説の木・火・土・

金・水のエネルギーを得られるため最強。体の疲れも心の疲れも癒されていくのを実感できます。人の少ない秘湯や家族風呂、露天風呂のある部屋に泊まることができればベストです。

また、今すぐ温泉旅行に行けないという人は、家のお風呂でプチデトックスを行うこともできます。

入浴のポイントは毛穴を開いて、汚れたエクトプラズムを排出すること。毛穴が開いたら頭の先からつま先まで隈なく洗います。再び湯船に浸かり、最後の仕上げとして冷水を浴びてクリーニング。毛穴を閉じて汚れたエクトプラズムを吸収しづらくする作用もあります。医学的にも、血行をよくし、肩こりなどに効果があるようです。

近場でできる岩盤浴もエクトプラズムを排出するうえ、大地のパワーも得られるのでおすすめです。

法則

25

想像を巡らせ人生の疑似体験をしてみる

旅は想像力を養う場でもあります。

私は旅先で「もしもここに生まれ育っていたら、自分は誰と知り合い、どんな考えのもとに、どんな人生を送っていたのだろう？」と夢想するのが好きなのです。漁村へ行けば「もしも漁師の子として生まれていたら？」と考え、温泉町へ行けば「この旅館で暮らしていたら？」と妄想を膨らませる。現世での実際の人生というのは、自分の視点で見た一つの人生でしかありませんが、想像を巡らせることで、幾つもの人生を疑似体験することができる。何回も生まれ変わって違う人生を送っているような思いを描ける。それが心を豊かに柔軟にするのです。

いろいろな生き方があるのだと考えた末に視野が広がり、進んでいく道の選択肢が増え、そうして勇気を与えられるのでしょう。想像しているうちに、バイタリティーが湧いてきます。

私は嫌なことがあった時にも、たとえばほんとうにこの仕事が嫌ならばスピリチュアリストという仕事にしがみつくことはない、すべてを投げ捨てて一から出直せばいいだけのことだと考えるのです。するとものすごく気持ちが楽になります。

それと同時に、結局のところ、現状維持をしている自分を客観的に見つめ、自分で選んだ道を生きているのだと確認するのです。「それでもやりたいからやっているのだから文句を言うのはルール違反、責任転嫁はやめようよ」と自らを叱咤激励することもあります。

旅に出たら思いきり想像の翼を広げましょう。前向きに生きようと心に誓う時、人生は確実に好転するのです。

法則
26
天気は雨、そんな旅にも意味がある

旅の準備も整ったし、あとは晴れるのを祈るだけだといった心待ちで旅の日を迎える人が多いでしょう。ただ旅行日和とはお天気に恵まれることをいうのではないと思います。

たとえば、私は、新婚旅行は雨だったという人がいると「それはよかったですね」とお伝えします。というのもスピリチュアルの世界では雨はクリーニングを表す天気なのです。

アンラッキーなどではなく、新婚旅行の場合は、不要なものを洗い流して新しい門出を祝福する雨。結婚したからには、互いに過去にとらわれすぎず、新たな気分で前を向いていきましょうというメッセージでもあります。

「雨降って地固まる」という諺は、雨が降ったあとは土地がしっかりと固まるという意味ですが、これは真理。新婚旅行に限らず雨の旅行を経た後は、決意が固まり、スッキリとした気分で日常生活に戻ることができることでしょう。

ですから交通機関がストップしてしまうほどの悪天候でない限り、雨でも旅行は決行すべきなのです。

雨が降った旅ならば、自分にはたましいの浄化が必要なのだと受け止め、ゆっくりと温泉に浸かるなど、滋養のために静かに過ごすよう心掛けてください。一方、晴れなら積極的に叡智にふれることが必要だというメッセージ。パワースポットを訪れたり神社を参拝するなどして、自分を磨いていくようにと促されているのです。

旅先の天候は自分を知るためのリトマス試験紙のようなもの。さて、あなたの旅は雨でしょうか？　晴れでしょうか？

法則
27
旅でも「波長の法則」と「因果の法則」が

よい旅になるかどうかは、あなたの日頃の言動にも関わっています。

ツアー会社の人がいい加減だった、旅先で出会った人が不親切だった、一緒に行った友達がわがままで疲れたなど、いろいろな不満が旅を後味の悪いものにすることがあります。でも出会う人とあなたとは鏡映しの関係。起こった出来事もあなたが蒔いた種の結果と考えられるのです。

この世には、類は友を呼ぶを意味する「波長の法則」が働いています。たましいの存在である人間は、同じレベルの想念や同じレベルの波長を持った者同士で引き寄せ合うのです。あなたが優しさや労わりの気持ちを備えていれば、自ずと同じ想念、同じ波長のたましいの持ち主が集まってきます。

言葉にも注意してください。言葉にはたましいが宿っています。これを神道では「言霊《ことたま》」と言いますが、ポジティブな言霊はポジティブなことを、ネガティブな言霊はネガティブなことを引き寄せるのです。普段から、そしてもちろん旅先でも、悪口を言ったり、愚痴をこぼしたり、横柄な口をきいたりせず、ポジティブな言葉を発しましょう。そうすることで、ポジティブな力が発揮されます。

また、この世には蒔いた種は自ら刈り取ることになるという意味の「因果の法則」が働いていることも忘れてはいけません。あなたが常日頃から困った人を見ても知らん顔をしていたなら、旅先で困った時に手を差し伸べてくれる人はいないでしょう。逆に誰かの手助けをしていたなら、必ずどこかであなたに返ってくるはずです。「想い」「言葉」「行動」は常に連動しています。よい旅にできるかどうかは、あなた次第。波長を高く保つよう心掛けましょう。

法則
28

オーラでバリアを張って危険を避ける

私の事務所のある東京・表参道エリアは、いつも大勢の観光客や買物客たちで賑わっています。楽しそうに闊歩する人々を見るにつけ、町がパワフルなエナジーに満ち溢れているのを感じます。ニューヨークなどもそうですが、大都市は好奇心を満たしてくれる刺激的な場所です。未体験ゾーンに踏み込んでみたいというチャレンジ精神は向上心の表れだといえるでしょう。

ただし刺激的な場所に集まってくる人は戦闘モード。そのため大都市は殺気立っているといえるのです。どこへ旅するのにしても、ぼんやりしていては危険ですが、都会では特に気を引き締めて行動するよう心掛けてください。

家を出る前に「卵オーラ法」という呼吸法によってオーラでバリアを張ることをおすすめします。法則22でご紹介した呼吸法と基本的には同じですが、息を吐く時に糸のように細く吐き出した息で自分の周囲に卵のようにオーラがはりめぐらされるとイメージして行うことがポイントです。最後は丹田《たんでん》（お臍の下）に両手を当てて、オーラをロックします。

その上であまり羽目を外さないこと。大胆なことに挑戦するのは、その土地のオーラと自分のオーラをよくなじませてからです。旅行者はあくまでも外者《そともの》であることを忘れてはいけません。

また旅先での紛失や盗難を防ぐためには、普段から使っているものを持参するのがよいでしょう。旅のために新しい物を買いそろえる人もいますが、自分のオーラに染まっていない物は紛失しやすいのです。荷造りも持ち物に自分のオーラをなじませるという念を込めて、必ず自分で行いましょう。

法則
29

参拝するのは午後3時までに

パワーにあやかる旅として、まず思いつくのが神社仏閣などの聖地だと思います。ここからは、そういった聖地へ訪れる際の心得をお伝えします。

神社やお寺は明るい時間、できれば午後3時くらいまでに参拝しましょう。日暮れから翌朝までは「逢魔《おうま》が刻」。霊たちが活発に動き回る時間帯です。浄化できずに漂う霊も苦しみを抱えて聖地をウロウロしています。暗くなってからの参拝においては、未浄化霊の憑依《ひょうい》を受けないとも限りません。

参拝の仕方にもルールがあります。神様に礼儀を尽くすために基本的な作法を身につけておきましょう。参道や鳥居の真ん中は「正中《せいちゅう》」といい、神様の通り道。ですから私たちは、真ん中は遠慮して左右どちらかを通るのがマナーとなります。

参拝する前に必ず、手水《ちょうず》で外界の穢れを清めてください。柄杓を右手に持って水をすくいます。その水でまず左手を清め、柄杓を持ち替えて右手を清めます。再び右手に持ち替え、左手に受けた水で口をすすぎましょう。最後は柄杓を縦にして柄をすすぎ、元の位置に戻します。

お賽銭に金額の大小は問われません。多ければご利益が多くあるだろうなどと考える人がいるようですが、神様と取引をするなど畏れ多いことです。大切なのは感謝の気持ちを込めて行うこと。

拝殿に向かって二礼二拍手。まず自分の守護霊に対して、祀られているご祭神への取り次ぎを願って一礼。二礼目はご祭神へのご挨拶であると私は解釈しています。二拍手したら住所と名前、そして日頃の感謝と誓願を心の中で唱え、最後に参拝のお礼を込めてもう一礼しましょう。

法則 30

「木」と「気」に触れてパワーをいただく

ご社殿への参拝を済ませたら、その聖地でのパワーを吸収させていただきましょう。私がおすすめするのは、「木」と「気」に触れることです。

たとえば島根県の須佐神社には「大杉さん」と呼ばれる樹齢約千三百年と推測される老杉が佇み、圧倒的なご神気を放っています。また、静岡県の来宮《きのみや》神社に祀られているご神木は、樹齢二千年超といわれる大楠です。それだけの年月、変わることなく人々を見守ってこられた由緒ある木を目の当たりにするのは、年月でいえばイエスキリストと対面するようなもの。そう考えると、非常に重みのある機会だと思えてきませんか？

ご神木ではなくても、参道の脇に並ぶ木々やご神域に立つ大木は、長い間、神聖な土地に育ってきたのですから、スピリチュアルなパワーが満ちています。

手で幹にそっと触れ、力を授けていただきましょう。木に直接触れることが禁じられている場合には、両手を広げて樹木を仰ぎ、胸いっぱいに清らかな空気を吸い込めばよいのです。

木からパワーを頂戴するだけがすべてではありません。境内に静かに身を置いてご神気に浸ったり、ご神域に差し込む光を浴びたり、そよぐ風に当たりながら過ごすのも素晴らしい体験。心がリラックスすれば、それだけで邪気が祓われ、よいパワーを得ることができるでしょう。

つまり神様と向き合い、少しでもそのお心に近づこうとする時間を持つことに意味があります。小我（自己中心的な心）を捨て、大我（見返りを求めない利他的な心）で生きていこうと思えることこそが最大のご利益なのです。

法則 31

旅先での願い事も現世利益を求めない

聖地は願い事をするために訪れる場所ではありません。常日頃、見守ってくださっていることに心から感謝し、ご加護をいただけるようご挨拶をするために参拝するのです。

ところが多くの人が問題を解決してほしい、夢を叶えてほしいと自分の願い事をしているだけなのが実情。「宝くじがあたりますように」「お金持ちの彼ができますように」などと書かれている絵馬もよく目にします。

しかし、どうか神様に現世利益を求めるのは慎んでください。神様のお力を利用して私欲を満たそうなどと考えるのは、あまりにも浅はかです。そればかりか聖地に漂う低級な霊につけこまれ、人生を翻弄されてしまうことも考えられます。

　そもそも参拝して願いごとをしただけでご利益があるのなら、それは不公平。神社に行く機会がないというだけで、懸命に努力をしている人もいるのです。そうした人を後回しにして、安易な神頼みをする人たちを優先するような理不尽なことを神様がなさるはずがありません。

　自分で目標に向かって行動している中で、神様のお力にあやかれますようにと決意を込めて行う祈願はよいでしょう。けれど、その場合にもたとえば「○○大学に合格できますように」とお願いするのではなく、「○○大学に入学したく、自分なりに努力をしてきました。試験当日は緊張せずに実力を発揮できますように」とお伝えするのが正しい祈願の仕方です。

　人事を尽くして天命を待つ。できる限りの努力をした後の祈りなら、神様に届くかもしれません。

法則 32

おみくじは吉凶に一喜一憂しない

あなたは神社で引くおみくじを占い感覚でとらえてはいませんか？
おみくじは神様から届けられる貴重なメッセージ。吉凶に一喜一憂する人が目立ちますが、実のところ吉凶にはそれほど意味がありません。気にすべきはお言葉の内容です。

仮に大凶であったとしても、神様が「ここに書かれている教訓を胸に刻んで生きていくことが大切です」と教えてくださっているのです。逆に大吉だからと手放しに喜ぶのではなく、無事に生きていくためのアドバイスをいただいているのだと考え、謙虚な心でお言葉を受け止めることが大切です。

神様のお言葉を受け取る以上、おみくじには、それなりのルールがあります。

ご社殿に向かって参拝させていただく時に「今日はお言葉を頂戴したいと思いますので、よろしくお願いいたします」とあらかじめご挨拶をしておきます。

その上で引いたおみくじは、最初に書かれた一文が特に重要。その人の祈りに対して神様から与えられるメッセージが込められていることでしょう。

おみくじは1日に1度だけ。幾度も引き直すのは、神様に「でも」「だって」と抗っているのと同じこと。とても失礼ですので絶対にしてはいけません。

引いたおみくじは境内の木に結びつけるのが作法だというのは俗信。神社が結ぶ場所を設けているのは、木々を傷めないための自衛策です。

おみくじは大切に持ち帰り、折に触れて読み返しましょう。日記や手帳に貼るのもよいと思います。自分の想い、言葉、行動と照らし合わせて意味を深く理解し、神様のお言葉を日々に活かすようにしてください。

法則

33

お守りの効力を最大限に活かす

神社でお守りやお札を購入する人も多いことでしょう。お守りは、名前の通り「人の願いが成就するように護る」もの。聖地の清浄なエナジーや神職の方の祈りが込められています。

けれど、せっかく身近に持たせていただいても、取り扱いを間違えては宝の持ち腐れになってしまいかねません。

お守りの効力を最大限に受けるためには常に持ち歩くのがいちばん。買っただけで満足をして引き出しの中にしまっていたのでは効力が半減してしまうでしょう。持ち歩くのが難しいようなら、神棚やよく見える場所に置くようにしてください。

お守りコレクションをしている人もいるようですが、スピリチュアルな観点からいえば、お守りは1つあれば十分です。神様のエネルギーのおおもとは1つですが、神社ごとに放つエナジーに特徴があるため、たくさん持てば波長を混乱させ合うことも考えられます。

といってお守りをたくさん持つと神様同士が喧嘩をするなどということはありません。崇高な存在である神様は人間のような低俗な理由で争ったりなどしないのです。罰を与えられることもありませんが、お守りは多いほうがご利益も大きいだろうと考えている人がいるとしたら、欲張りな心の改善が必要だと思います。

お守りのエナジーは、目安として1年で薄れていきます。授かった神社にお返ししてお焚き上げをしていただくのが正式な作法です。参拝の機会を作れないようなら、事前に授かった神社に確認をしたうえで、ご祈祷料を添えて郵送し、供養していただきましょう。いずれにしても神様に感謝する心を忘れずに。

ハワイはスピリチュアルエナジーの宝庫

地球にはところどころに強烈なエネルギーを持つ土地があります。ハワイ諸島もその1つ。ハワイのスピリチュアルパワーは、まさにミラクルといえるでしょう。果実や植物がグングン育つハワイは、人の体や心も健やかに育ててくれるのです。

私も疲れたなと感じると無性にハワイへ行きたくなります。空港から出た途端にワーッと心地の良いエナジーに包まれ、みるみるうちにエネルギーをチャージできるかのよう。

ハワイにたくさんあるパワースポットの中でも、特に私が大切にしている場所がいくつかあります。

たとえば、ハワイ島のパワースポットとして以前、紹介したラバチューブ（溶岩でできたトンネル）などは、私が「ここではオーラが鮮明に視えます」とお伝えしたことから、多くの日本人がしきりに手をかざしたりして試しているのだとか。現地の方からしたら、「いったい何をやっているんだ?」と思うでしょうね（笑）。

パワースポットも然ることながら、ハワイ

でぜひ、堪能していただきたいのが原産のパワーフード。パパイヤなどの果実は太陽のエネルギーを摂ることができます。タロイモには土のエナジーがたっぷり。豆からできるコーヒーもパワー飲料です。私はハワイでは100パーセントピュアなハワイ原産のコナコーヒーにこだわります。ちょっと安いなと思うとコナコーヒーが20パーセントしか配合されていなかったりしますので、よーく確認して、ぜひ現地の本物を味わってください。

　ハワイではアウトドアに徹することも大切です。家族と一緒に地元の市場を訪れた時のこと。スマホに熱中する私の息子たちに「おい、そんなものをいじっていないで前を見てごらん。こんなに美しい世界が広がっているんだよ」と声を掛けてくれたのは市場で働く初老の男性でした。「ハワイの自然を満喫しないのは人生の大損だ」と続きます。まったくその通りですね。

　実際にスマホやゲームの電源を切ると、親子の会話が弾みます。家族旅行は、日常生活の中ではなかなか向き合うことのできない家族の親睦会でもあるのです。特に開放的で誰もが素直に心を開くことのできるハワイはコミュニケーション不足を補うのにうってつけです。

人々の笑顔や笑い声がハワイを更なるパワースポットへと進化させるという明るいスパイラルで、ますますハワイは気持ちがよくて大きな希望を抱かせてくれる場所となっていくことでしょう。

7つの島から構成されているハワイ諸島ですが、実は島ごとに放つオーラの色が違います。ここでは、中でも訪れやすく人気の高いハワイ島、カウアイ島、マウイ島、オアフ島について、オーラカラーとどんな特徴があり、どんなパワーを授けてくれるかを取り上げてみました。

▽ハワイ島　人生を切り替えたい時に

ハワイ島のオーラカラーは赤。活発な火山活動からもわかるように非常にエネルギッシュです。人生を切り替えたいという人におすすめ。私は「もう生きるのがいやだ」という人にはマウナケア山に登ってくださいとお話しします。黄金に輝くサンセットを眺めれば人生観が変わります。生きる勇気が湧いてくることでしょう。

▽カウアイ島　体を休めたい時に

カウアイ島のオーラカラーは青紫。落ち着いたエネルギーを感じるのは、草木に宿る自然霊が静かに見守ってくれているからです。マイナスイオンがあふれ、心身が安らぐので、神経が疲れている人、パソコン作業やブルーライトを浴びることが多い人、睡眠不足の人にもおすすめ。ぼんやりと日がな過ごせば、驚くほど体が休まります。

▽マウイ島　悲しみを癒したい時に

マウイ島のオーラカラーは赤紫。情愛と優しさを併せ持つマウイ島のエネルギーは、ハワイの島々の中でもいちばんおだやか。ネガティブな想念を鎮め、感謝の気持ちを授けてくれます。また、ハレアカラの山頂から望むご来光は神の慈愛そのもの。素直な心で向き合えば、どんなに深い悲しみも癒されることでしょう。

▽オアフ島　デトックスしたい時

オアフ島のオーラカラーはオレンジ。フレンドリーなオーラは、物質界を生きる現代人との相性も抜群です。ショッピングで物欲を発散するなどストレスを解消するのは、心のデトックスに繋がることでしょう。

賑やかなワイキキにも、スピリチュアルエナジーを放つ「ワイキキの魔法石（カフナストーン）」があります。くれぐれも石を囲む柵にタオルなど掛けないように気をつけてください。また、ハワイ語で〝天国の海〟という意味のラニカイビーチ、浄化パワーに優れたカイルアビーチでは本来の自分を取り戻すことができます。

ホノルルから少し足をのばせばヘイアウもたくさんあります。ヘイアウは日本でいえば神社のような存在。ハワイには、霊的世界の入り口であるヘイアウを大切に守り抜かなくてはいけないという精神が根づいています。熱心な信者もたくさんおられますので、飲食は禁止。静粛な祈りの場であり、学びの場であることを忘れないでください。

第4章

目的別
叶えたい願いがあるなら
こんな旅を

こんな願いごとをするならこの聖地、と私の考えるおすすめをご紹介します。しかし、ただそこへ行って神頼みするだけではなく、自分の心の持ちようをどうするべきか、内観してからお参りすることで大きく変わります。有意義な旅ができるように、心をすっきりさせて旅立ちましょう。

パートナーとよい関係を持ちたい

良縁に恵まれたい、パートナーとの関係を修復したいという気持ちはわかります。けれど神頼みするだけでは根本的な解決につながりません。一時的に願いが叶ったとしても、よい関係性を保てず過ちを繰り返してしまうでしょう。

そもそも、たましいにおける良縁とは自分の欠点をあぶり出してくれる人との縁を指します。この観点に欠けていると、真の幸せを手に入れることはできません。

感性の学びである恋愛は経験すること自体に意味があります。好きになったり、想いを寄せられたり、傷つけてしまったり、傷つけられたり……。言うなれば感情の餅つき大会に参加するようなもので、たましいは恋愛を経て、きめ細やかに柔らかくなるのです。一方、結婚は、たましいを深めるためのオプショナルツアー。恋愛に必要なのは情熱ですが、結婚に必要なのは冷静な心。まずはシビアな視点でリアルな生活を共に送れるか、結婚相手を見極めることが大切なのです。

結婚生活とは忍耐を学ぶ修行の場であり、結婚指輪の交換はツルハシ（地面を掘り起こす道具）の交換と同じ。共に汗を流して家庭という名の畑を耕し、苦難を乗り越えながら培う絆こそが夫婦愛です。パートナーとの関係を改善したいと願う前に、幸せにしてほしいといった受け身の甘えを手放す覚悟をしなければなりません。

このことを踏まえた上で、恋愛成就の神様といわれる八重垣神社（島根県）、縁結びの神様といわれる神魂《かもす》神社（島根県）へ参詣したり、夫婦岩（三重県）をパートナーと訪れるのもよいでしょう。

また、結婚式を挙げた場所や新婚旅行をした思い出の地を再び訪れ、初心に戻って新鮮な気持ちをよみがえらせるのもおすすめです。

人間関係を円滑にしたい

人間関係に悩む人は、相手に変わって欲しいと望んでいるのが特徴的です。けれど相手を変えるためには、まず自分が変わらなくては。理解してほしければ、相手の気持ちを理解しようと努力する。親切にしてほしければ、自分から親切にする。受け身でいるだけの人にはそれ以上の幸せは訪れません。

あなたは他者に勝手に期待を寄せた挙句、「友達なのに」「信じていたのに」など と落胆していませんか？ 他人はあてにならないと達観していれば、小さな思いやりを受けたら感謝できるはず。加算法で生きることが人間関係を保つコツなのです。

そもそも人と人は支え合って生きるというのは幻想。困った時に手を差し伸べてくれる人はいないのが普通です。そんなのさびしすぎるという声が聞こえてきそうですが、自分を律して生きることは孤独ではなく孤高。人間関係のしがらみから脱し、自己責任で生きる孤高の人を目指してください。

私は腹八分ならぬ腹六分で人とつきあうことを推奨しています。距離があればいい人でも、距離を縮めれば嫌なところも見えます。それはお互い様。相手もあなたの嫌な面が見えるのに、相手にだけ変わってほしいというのは傲慢。人間関係の達人と言われる人は、そのことを熟知し自立しているから、良好な人間関係を保つことができるのです。

依存心を手放そうと気持ちを切り替えるために私がおすすめするのは、熊野（和歌山県）のエネルギーにあやかること。そして自己改善を決意したうえで参拝するのなら、仲裁の神様として知られるククリヒメの祀られる白山神社がよいでしょう。総本山は白山比咩《しらやまひめ》神社（石川県）ですが、白山神社は各地に点在しています。

お金がまわるようにしたい

お金がまわるようにする、いわゆる「金運を上げる」には、自分の人生計画をきちんと立てられるかということなのです。自分にとってお金はどれだけ、なぜ必要なのか、そのためにはどんな目標を立てたらよいのか、どうしたら仕事をうまく運べるか知恵をしぼって考え、コミュニケーション能力で円滑に進める。その結果いただけるお代償が「お金」なのです。

さらに、自分のために使ったお金は返ってこない、人のために使ったお金は戻ってくる。これがスピリチュアルの世界でのお金の法則です。臨時収入があったら両親に旅行をプレゼントする、冠婚葬祭などには惜しまずにお金を包むといった、人に振る舞おうという心掛けが大切。お金の縁は人の縁であることを心に刻みましょう。お金はお金を大切にする人のところにしか寄ってきません。ただし、お金が目的になった途端にお金は汚いものになってしまいます。

お金はないと暮らせない大切なものですが、人生の題材として与えられるもの。そこでまず、お金に人生を振り回されないと決める、必要なのはいくらなのかを明確にするなど、きちんとお金と向き合うことからはじめましょう。

長い年月にわたって日本の都として栄えてきた京都には強靭なパワーが宿っています。日本有数の観光地として世界中から人々が集まる活気にあふれ、京都を愛してきた先人たちが神霊となってこの土地を守り、観光客も受け入れてくれます。そんな中でもお金の哲学を確立しようと誓うのにふさわしいのは、護摩焚きのご祈祷で知られる醍醐寺（京都府）。知恵の神様である八意思兼神社《やごころおもいかね》（神奈川県）で目標を見定めるのもよいでしょう。

やりがいのある仕事に就きたい

やりがいというのは目標を掲げ、達成しようと努力する中で生じるもの。たとえ一流会社に就職しても、向上心がなければ達成感を得ることはできません。たましいの成長にもなりません。何をもってやりがいなのかを見出せるかなのです。

また職場に合コンやレジャーランドのような楽しさを求めるのは間違っています。職場とは真剣に仕事をする、いわば戦場。真剣勝負だからこそ仕事は楽しいと捉えるようでなければ、イキイキと働くことにはつながりません。人は働くために生まれてきたのではなく、生きるために働くのです。そういった視点を持ち、改めて自分の人生の中での仕事をする意味を深く考えてみることも必要です。

仕事には自分のたましいのための仕事を意味する天から授かった「天職」と、自分の才能を活かした「適職」があります。両者が合致している人はほとんどいません。とはいえ天職だけでは生活するための充分な糧を得られず、適職だけでは虚しさを抱いてしまいがちです。そこで、適職に就き、天職をボランティア活動に活かすなど、天職と適職のバランスをとって人生を充実させることもできるのです。

イキイキと働きたいと考える人にとっては、憧れの先輩やよい刺激を与えてくれる友人と過ごす空間が最高のパワースポット。尊敬できる人の生き方にあやかるのもよいでしょう。

たとえばパワーみなぎる街、原宿（東京）にある東郷神社（東京都）を参拝してはいかがでしょうか。知恵とエネルギーを与えられる地としては秩父・長瀞（埼玉県）もあげたいです。日帰り温泉もあるのでリフレッシュしてやる気をよび起こす旅ができるでしょう。

子どもを勉強好きに育てたい

勉強好きな親を見て育った子どもにとっては勉強するのが当たり前。環境とはそういうものです。「勉強しなさい！」ということなら誰にでもできます。問題はそこに説得力がなければ子どものやる気にはつながらないでしょう。

子どもは親の分身でも所有物でもありません。「あなたのためだ」と言いながら、その実、世間体を優先して一流の学校に入ってほしい、と考える親のエゴを子どもは感じ取っています。だから親の言うことに耳を傾けないのです。それが無償の愛でないことを見抜く子どもの中には、心の誤作動を起こし、不登校や引きこもり、激しい反抗や非行に走るケースもあります。

子育ては天に対するボランティア活動なのです。義務教育の間に惜しみなく愛を注ぎ、礼儀や世の中のルールを教えるのが親の使命。使命を終えたら、子どもがどんな道に進むか楽しみに見守ればよいのです。

子育てにおいて何よりも大切なのはコミュニケーション。「おはよう」「いってらっしゃい」「おかえり」「ありがとう」のあいさつを習慣に。勉強を促すのにしても、頭ごなしに言ったところで子どもの心には響きません。

勉強しない子どもは親のあなたの姿をそのまま鏡に映したようなもの。あなた自身が学ぶことの大切さを知り、実践していれば、おのずと子どもも学んでいきます。

親子旅行にも伊勢は最適です。おかげ横丁で家族楽しく過ごす時間も思い出になるでしょう。伊勢神宮を参詣する折には、道開きの神様である猿田彦神社（三重県）に参拝することも忘れずに。また、言の葉の神様である事任《ことのまま》八幡宮（静岡県）へ子どもと一緒に参詣するとよいでしょう。

健康に暮らしたい

病気は、重なり合っている肉体と幽体（たましい）が不調和を起こし、ズレてしまうことで生じる現象です。体調が悪くても仕事や家事は休めないと無理をしてしまいがちですが、たましいはごまかせません。病気は苦しいと悲鳴をあげるたましいのＳＯＳなのです。

スピリチュアルな視点で見ると、病気の原因は「肉体の病」「運命の病」「宿命の病」と大きく3種類に分別できます。

「肉体の病」とは、体の酷使や過労など、不規則な生活が引き起こす病気のことで、休息を取れば治ります。「運命の病」とは、猜疑心や被害妄想など自分のネガティブな思い癖によって起こる病です。考え方を変え、行動を改めていくことで改善できるでしょう。「宿命の病」というのは、先天的に持って生まれたり、あるいは事故や病気で後天的に背負うといった、その人のたましいのカリキュラムにかかわることで、寿命も含まれます。宿命の病は受け入れ、気持ちの上で病気を克服することが大切です。

まず自分が抱えている病気は、このうち、どれなのかを見極めなくてはなりません。ただし、仕事を休んで評価が下がったらどうしようという不安から、よけい具合が悪くなってしまうというように、肉体の病と運命の病は連動しています。

いずれにしても健康に暮らすには心と体を癒すのがいちばん。健康を取り戻したい人におすすめしたいのは、妙見神社跡から湧き出た温泉として知られ、古くは湯治場として栄えた妙見温泉（鹿児島県）。戸隠（長野県）の、素晴らしい自然を感じ、地元のそばなど名産品を食べる旅も元気になる効能が大いに期待できます。

悪縁を断ち切りたい

悪縁を断ち切りたいと思うのであれば、断ち切ると決めればよいのです。それができないのは、本当は自分の中に何らかの未練があるからなのではないでしょうか。仕事関係の人なら損得勘定が働いて、友人関係なら孤独になるのが怖くて、男女関係であるなら愛憎半ばしていることも考えられます。

はっきりといえるのは、あの人は自分を不幸に巻き込むから排除したいという短絡的な考えでは悪縁を断ち切ることはできないということです。なぜそんな人と出会ってしまったのか、何が要因で不幸を招いたのかと分析しなければなりません。

たとえば浮気を繰り返すようなパートナーは断ち切りたいと考えていたとしまし

ょう。けれど、そんな人を選んだのは自分です。相手のどこに惹かれてしまったのかと探ることで、自分の弱さや愚かさが見えてくるはず。そうした自分を改善して波長を高めなければ、波長の低い相手との縁を切ることはできないのです。

なぜ浮気をされてしまったのかと考えてみることも大切。男女関係に限らず、人間関係のトラブルは、片方だけが100パーセント悪いというばかりではないのです。

神様に縁切りをお願いする場合は、相手を遠ざけて欲しいとお伝えするのではなく、自分が強くなれるようお導きくださいと祈るのが正しいありようです。

映画や小説にもなって知られる安倍晴明を祀る晴明神社（京都府）へ私なら向かいます。「人を呪わば穴二つ」という諺は、平安時代に陰陽師が人を呪い殺そうとした時に、相手と呪い返しに遭うであろう自分の墓穴を2つ用意したことに由来するとされています。それほど潔い覚悟があれば、ぶれない強さを保てるでしょう。

奇跡を感じたヨーロッパでの体験

雑誌の連載で日本の聖地巡りをしたのは30代の時でした。その後は忙しさに追われ、旅に時間を割くことが難しくなっていたのですが、40代の半ばになって再び、ヨーロッパの聖地を巡る機会を得ました。

▽イタリア編

最初に訪れたのはイタリア、その翌年にはポルトガルとフランスの聖地へ行きました。

イタリアのアッシジを訪れたのは初めてではありませんでした。私は聖フランチェスコの生涯を描いた映画『ブラザー・サン　シスター・ムーン』に啓示を受け、スピリチュアリストの道を歩み始めたので、ぜひとも行ってみたいと若き頃に尋ねていたのです。その折にも感動しましたが、改めて訪れたアッシジで、私は初めて聖フランチェスコからのメッセージを受け取ることができたのでした。

巡ったのは、聖フランチェスコ教会、サンタ・マリア・デッリ・アンジェリ教会とその中にあるポルツィウンコラ礼拝堂、サンタ・キアラ礼拝堂、そして、アッシジの町から車

で1時間ほどの山の上にあるカルチェリの庵にも足を延ばしました。

「ここは天国に最も近い場所だ」と感じたカルチェリの庵は、聖フランチェスコが数多くのインスピレーションを得たという場所。私は静寂に過ごすことの大切さを諭されたのです。考えずに生きることは罪なのだと。人生に躓いた時に天から送られるギフトが静寂なのだと悟りました。

翌日はプーリア地方の海を見晴らすガルガーノの山の頂に位置するモンテ・サンタンジェロへ。

大天使・聖ミカエルが3度降臨したといわれる山に建てられたサン・ミケーレ聖堂に一歩足を踏み入れた途端、吹き飛ばされてしまいそうなほど強いエネルギーを感じました。名だたる聖人たちが大切な聖地として巡礼されたのもよく理解できます。

そこから北部へ向かい、数多くの奇跡を生み、2002年に聖人として認定されたピオ神父のゆかりの地、サン・ジョバンニ・ロトンドへ。

手足と両脇に聖痕があり、イエスキリストの生まれ変わりといわれていたピオ神父ですが、その生涯は周囲の人々の無理解、偏見、弾圧による苦渋に満ちたものでした。けれど何事にも決して屈することなく愛の実践を行い、やがて「苦渋の家」という病院を設立。貧しい人たちには無料で治療を行ったといいます。

ピオ神父の息吹に触れ、私は誰かのために生きる尊さを心に刻むに至りました。誰かのために生きることこそが、生きる自信となるのです。

▽ポルトガル～フランス編

多くの感銘を受けたイタリアの旅を経て、翌年ポルトガルへ旅立ったのは、聖母マリアが降臨されたことで知られる聖地ファティマを訪れることが目的でした。

この奇跡の地で巡礼者にもたらされるのは気づきです。聖母マリアが問いかける声が聞こえてくるようでした。

ポルトガルから一路フランスのピレネー山脈の麓にあるルルドへ。小さな町ですが、年間500

万人もの巡礼者が訪れるという世界有数の聖地です。

　ある日、ルルドに暮らすベルナデットという少女の前に現れた聖母マリアは、「この泉の水を飲み、清めなさい」とお告げをなさいます。これが万病に効くといわれる「奇跡の泉」の始まりでした。目の見えない人がルルドの泉で目を清めたら見えるようになったなど、科学では説明のつかない数々の奇跡を起こすことで知られています。

　私たち一行は、3月から11月のあいだ毎晩行われるキャンドルパレードにも参加しました。２０１１年３月の東日本大震災を受け、私たちが日本人であると気づいた多くの司祭がキャンドルを掲げて「日本が平和でありますように」と祈ってくださいました。
　慈愛に満ちた聖地ルルドで私は、聖母マリアの「この泉の水を飲み、清めなさい」というお言葉の意味を深く理解していたのです。それは「宿命を受け入れ、不満や不安を手放し、幸せに目を向けて生きなさい」というメッセージなのではないでしょうか。
　ルルドで滞在したあと、フランスの西海岸

で1泊しました。サン・マロ湾上に浮かぶ小島にそびえる修道院、モン＝サン＝ミシェルはあまりにも有名です。フランス語で「聖ミカエルの山」という意味。美しい小島を愛した大天使ミカエルからのお告げを受けて建てられた修道院です。

パリではメダイユ教会へ行きました。美しい礼拝堂には聖母マリアの崇高なエネルギーが満ち溢れていました。メダイとはメダルのこと。「奇跡を起こす不思議のメダイ」を求め、女性のあいだでも大変人気の高い聖地ですが、メダイに依存してはいけません。「人が使命を果たすために与えられる試練を避けることはできない。困難に立ち向かう時、メダルを心の支えとして生きていきなさい」と聖母マリアは説いておられるのです。

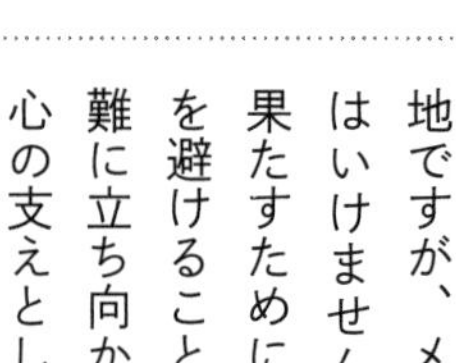

ヨーロッパの聖地巡礼の旅を通して、私は改めて生かされている意味について考えました。生きていることは奇跡なのです。それ以上の何を求めるものがあるでしょうか。あなたも機会があればぜひ、そんな旅での気づきを体験してください。

第5章
旅での疑問
知っておきたい5つの答え

旅をスピリチュアルな視点でみた時に、よくいただく質問におこたえします。実はそれほど気にしすぎなくてもよいこともあれば、聖なる場所を荒さないためにも、ぜひ守っていただきたいこともあるので、心に留めて、旅立ってください。

Q.1

旅をする方角は気にするべきか

A 行きたいと思う場所が、あなたの吉方向です

スピリチュアルの世界でも方角は重要。たとえば、神棚は南に向けて置くとよいのですが、それは崇高な方角である北に向かって拝むことが望ましいからなのです。風水などでは、方角をみて行動を決めたりしますが、私の場合、旅先を決める時に方角から入ることはしません。方角にこだわる人もいると思いますが、私は自分が惹かれる場所は自分にとって方角がよいはずだと逆から考えるのです。まず自分

のインスピレーションを頼りに動いてみようと。そこはいい意味で自己中心的。行ってみたい旅の計画がスムーズに運べば吉方向なのだなと確信します。

方角だけでなく、旅に出る日にちや、中には何時に何をして何時に何を食べるといったところにまで細かくこだわる方もいるようです。けれど、あまり細かく決めこんでしまうと、それに従うことばかり優先して肝心なものを見過ごしてしまいかねません。せっかく旅に行く時間がとれるのにその時期はあちらの方角はよくないから行かない、などというように、とらわれすぎて行動を制約してしまう。そんな人は学びのチャンスを逃しているように思います。

よい流れにある時は、自ずと日程も場所も決まってくるもの。そのように順調に流れる時こそが天の采配だと信じています。信じることで、自分のオーラにネガティブな念をはねつけるバリアができるため、結果的によい旅になるともいえるでしょう。

Q.2 宿の部屋に入ったら嫌な気配……できることは

A まず換気。塩、音で簡単浄化を

霊的に敏感な人は、一歩部屋に入った瞬間に「何だか空気が重い」「異臭がする」といった違和感を抱くことがあるものです。どことなくネガティブなオーラの気配を察する人もいることでしょう。

もっとも簡単な浄化法は、窓を開けて空気を入れ替えること。窓が開かない場合には換気扇を回してください。また、そんな時のために携帯しているとよいのは塩。

部屋に塩をまいて清めるのもよいでしょう。音を使って浄化する方法もあります。パンッと柏手を打つ、ラジオから心地よい音楽を流すなどして、嫌な部屋のムードを一掃しましょう。

けれど、それでも気持ちを切り替えられなくて、落ち着かないと感じることもあるかもしれません。何かがあった部屋で壁にかかった絵の額縁の裏にはお札《ふだ》が貼ってあるのではないか……とか（最近は、ベッドの下に貼られていると聞くこともありますが）。そんな考えが頭から離れなくなってしまいがちです。

お札自体は怖いものではありません。ただ、いずれにしても気持ちが悪いなと思った時には我慢しないこと。思い込みが幻想を生み出してしまうことだってあるのです。寝不足になったり体調を崩してしまっては、旅に出た意味がありません。

そんな思いをするよりは、ホテルの人に頼んで部屋を変えてもらいましょう。遠慮している場合ではありません。自分の身は自分で守るしかないのですから。

Q.3

喪中に神社に行ってはいけないのか

A　哀しみの時こそ、聖地で祈りましょう

死はケガレなどではなく、永遠に続くたましいの一つの通過地点に過ぎません。確かに昔の神道では死は「気枯《けが》れ」であると考えられていました。これには昔の衛生事情も関係しているのではないかと思います。昔は疫病で亡くなる人が大勢いました。神社などの不特定多数の人が訪れる場所に、疫病に感染している可能性のある家族が来ると、病原菌が広がる恐れがあると考えられていたのではないでしょ

うか。おそらくそれから「喪に服している間は神社に行ってはいけない」とか「鳥居をくぐってはいけない」という迷信が生まれたのでしょう。

けれど現代では、医学が発達し衛生状態が整い、疫病の感染を案ずる必要がなくなりました。むしろ私は、喪中にこそ神社参りをするべきだと思います。愛する人を見送った直後は誰でも「気枯れ」の状態。そんな時だからこそ聖地で祈るのです。鳥居をくぐることにはお祓いの意味もあるのですから、神社で悲しみの念を祓っていただきましょう。

「生理中の女性は不浄であるため、参拝してはいけない」と言われることもあるようですが、それも「血」から病気が感染することを恐れていた時代のなごりでしょう。迷信です。神様がそんな心の狭いことをお考えになるはずがありません。

「カップルで訪れると、嫉妬した神様に破談にされる」などという迷信もあるようですが、そんなわけがありません。これも神様に対して大変失礼です。

Q.4

聖地の木の枝や石を持ち帰って
お守りにしたいが

A 葉っぱ一枚でも持ち帰ってはいけません

かつての相談者の中に、「伊勢神宮の河原に落ちていた石をお守りにしている」と自慢気に話す人がいましたが、私は驚愕して、「直ちにもとの場所に戻してきてください」とお伝えしました。お守りだなんてとんでもない。災いのもとです。

特別なパワーを秘めた聖地の石を持ち帰れば、パワーを毎日与えていただけるとでも思ったのでしょう。けれど考えてもみてください。神社を訪れる人の中には、ネガティブな念を持った人も大勢いるのです。そうした念は物質に沁み込みます。人の念だけではなく、低級な自然霊や未浄化霊も宿ります。

聖地というエナジーの中にあるから人に悪影響を及ぼさずにいるわけで、家に持ち帰れば聖地の石は怨念の塊。神社のご神木の枝も葉一枚も持ち出してはいけないのです。聖地にあるものは、すべて神様のもの。私は参拝をした後には、靴の裏の溝に入った小さな石や砂まで返上して帰ります。

中には木の枝を折ったり、樹皮を無理やり剥がしたり、岩を削ったりしてまで我が物にしようとする人もいると聞きますが、天に唾するとはこのこと。そんな自分勝手な人に幸せが訪れるでしょうか？

自分さえ幸せになれるなら何をしてもいいと考える心のありようがいけません。「因果の法則＊」により、小我な人が幸せになることはないのです。

＊（前出・84ページ参照）自分の思い・言葉・行為のすべてが自分に返ってくる真理。

Q.5 お守りやお札をお土産にしてもよいか

A 頼まれない限り、控えたほうがよいでしょう

名高い聖地では、社務所（お授け所、授与所）も大勢の人であふれています。いくつものお守りやお札を拝受し、「別々の袋に入れてください」と頼んでいる人も少なくありません。家族や友人たちへのお土産にするのでしょう。

自分だけが旅先でのよいエネルギーをいただくというのではなく、大切な人にエネルギーのおすそ分けをしたいと考えてのこと。利他愛に満ちた気持ちは素晴らし

いと思います。

けれどお守りやお札は、基本的に自分で初穂料を納めて授かるものです。絶対にお土産にしてはいけないというわけではありませんが、お土産屋さんで買う地元の名産物と同じ感覚で他者にあげるのは、少々軽々しい気がします。

気持ちはうれしいけれど……と受け取った側が困惑することもあるのではないでしょうか。お守りやお札はいただいた以上は粗末に扱うことはできません。お守りやお札を管理する自信がなく、それなら持たないほうがいいと決めている人もいるようです。

ですからお土産にお守りを頼まれたら、気持ちよくお引き受けすればよいと思います。そうでない限りは控えたほうがよいでしょう。

それよりは、聖地のエネルギーを授かった水晶など石をお土産に渡すのもおすすめです。

【あとがき】

旅でのメッセージを日々につなげて

旅の原点は巡礼ともいわれています。

交通機関が発達していなかった頃には観光という発想もありませんでした。一般の人々にとって旅といえば巡礼。神に祈りを捧げるために、遠く険しい道をひたすら歩き続けて聖地を目指したのです。

現代では誰もが気軽に旅を楽しむことができるようになりました。けれど今も昔も旅の効能は同じです。それは旅を経て自分自身が変わること。本書を通じてお伝えしたかったのも、旅を通じて心を癒し、自分を見つめ、進むべき道を確認する大切さです。

旅の時こそ、感謝と内観を心がけたいということが、おわかりいただけたでしょうか。

本書ではパワースポットやスピリチュアルスポットの聖地巡りにも触れていますが、結局のところ、自分自身のために祈るべきはただ1つ。「強い自分であれますように」ということです。自分の力で生きていく強さ、芯のある優しさ。それらが備わって、あなた自身のオーラを輝かせていきます。

旅で得たメッセージをどう受け入れるかはあなた次第。

せっかく旅に出たのに、スマホとにらめっこしていたり、SNSのための写真を撮ることばかりに夢中になっていて大切なメッセージを受け逃した、なんてことのないようにしてください。

そのためにはいつも以上に五感を研ぎ澄ませて、訪れた土地からのエネルギーをキャッチしましょう。

もちろん旅を楽しんでよいのです。美しい景色、おいしい食事、ゆったりと過ごす時間。日常から離れた旅では、日々のストレスや悩み事からも解放され、気づくことが多いはず。このチャンスを有効に使ってほしいのです。

そして、もし何かハプニングがあっても、これも経験だと捉えるポジティブな気持ちを持っていたいもの。どんな出来事も自分のたましいを磨き、オーラを輝かせるために意味のあることだからです。

旅を終え、旅に出る前には備えていなかった活力や希望が芽生えていたら、それを日々の生き方につなげてみてください。

どんな景色に出会うのか、実行してみなければわからない。すべてが自分の計画通りに運ぶとは限りませんが、そのことも受け入れて歩み続ける。旅は人生そのものなのです。

本書があなたのたましいの地図となることを願ってやみません。

綴じ込み付録①

「全国オーラカラーMAP」の使い方

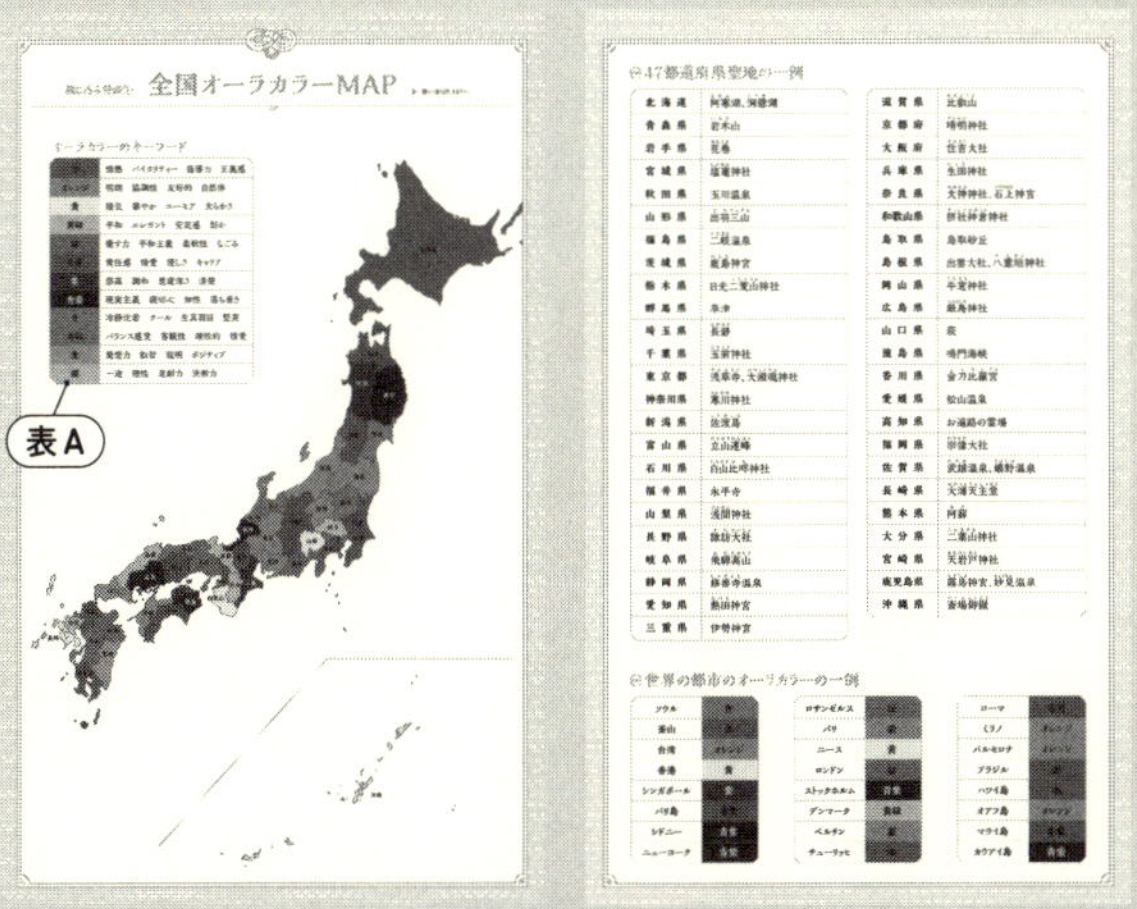

土地もそれぞれに異なる色のオーラを放っています。

綴じ込み付録①の「全国オーラカラーMAP」を使って、自分が行くべき場所を見分けましょう。

既に行きたいと思っている場所がある場合には、オーラカラーMAPで行きたい土地のオーラカラーを把握します。MAP左上の（表A）「オーラカラーのキーワード」を見て、その旅の効能をより高めるために心の準備をするとよいでしょう。

他にも「全国オーラカラーMAP」を使って、旅先を決める以下のような方法があります。

「全国オーラカラーMAP」を使って
旅先を決めてみよう

1 土地のオーラカラーで行くべき場所を探す

まず自分が旅を通してどうなりたいのか考えます。次にMAP内表「オーラカラーのキーワード」から、考えたイメージに近いものを探します。オーラカラーMAP上で、選んだオーラカラーの都道府県を探して行くべき場所の候補にします。
たとえば、あなたがもっと積極的になりたい場合、情熱やバイタリティーがキーワードとなる赤のオーラカラーが必要です。オーラカラーMAPを使いオーラカラーが赤の土地を探します。あなたが自分の個性である積極性にさらに拍車をかけて頑張りたいと思っている時にもオーラカラーが赤の土地を選びます。けれど、自分は猪突猛進で冷静さに欠けると考えているならクールや冷静沈着がキーワードとなるオーラカラーが青の土地を選びます。以下はオーラカラーの持つパワーの例です。

Case 1　もっと積極的になりたい → **赤**

Case 2　コミュニケーション力が欲しい → **オレンジ**

Case 3　前向きな気分になりたい → **黄**

Case 4　エレガントさを身につけたい → **黄緑**

Case 5　不安や苛立ちを手放したい → **緑**

Case 6　キャリアアップしたい → **赤紫**

Case 7　思慮深くなりたい → **紫**

Case 8　知性を高めたい → **青紫**

Case 9　冷静な判断をしたい → **青**

Case 10　優柔不断を直したい → **青緑**

Case 11　ひらめきが欲しい → **金**

Case 12　信じるものを見つけたい → **銀**

2 ダウジングで行くべき場所を絞り込む

ダウジングとは、守護霊との対話をするための方法。守護霊からのメッセージを受け取り、自分自身の潜在的な想いを知ることができるのです。目的地にしているその場所が、今のあなたにとってふさわしい旅先なのか、旅したいけれどどこへ行けばよいのか決めかねている、そんな時ダウジングを用いると、旅先を見極める１つのガイドとなります。

【ダウジングの方法】

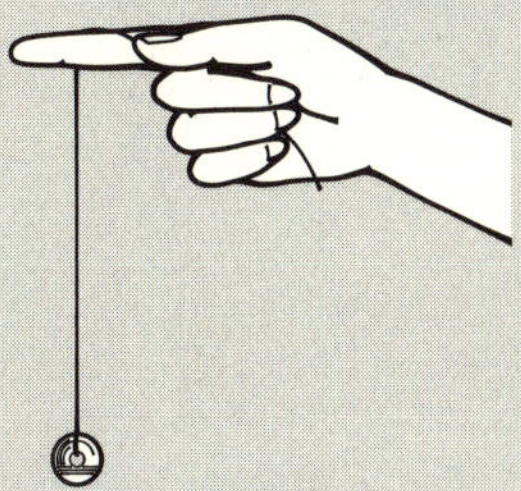

1. 糸で吊した５円玉などペンデュラム（振り子）を用意します。
2. 静かな場所でひとりになり、深呼吸をして精神統一をします。
3. 指先に力が加わらないように糸の部分を持ちます。
4. イエスなら右回り、ノーなら左回りと心に定めます。
5. 「全国オーラカラーMAP」のの上に５円玉を垂直に吊るし、ゆっくりと移動させながら動きを見ていきましょう。
6. クルクルと右方向に回り始めたら、MAPのそのあたりの土地があなたにとって「イエス」のメッセージです。または、綴じ込み付録②の「12色オーラカード」（切り離しても切り離さなくても可）の上で同じように移動させ、あなたにとって「イエス」のオーラカラーや場所を知ることもできます。

綴じ込み付録②

「12色オーラカード」の使い方

はさみなどで切り離し、12枚のカードにします。

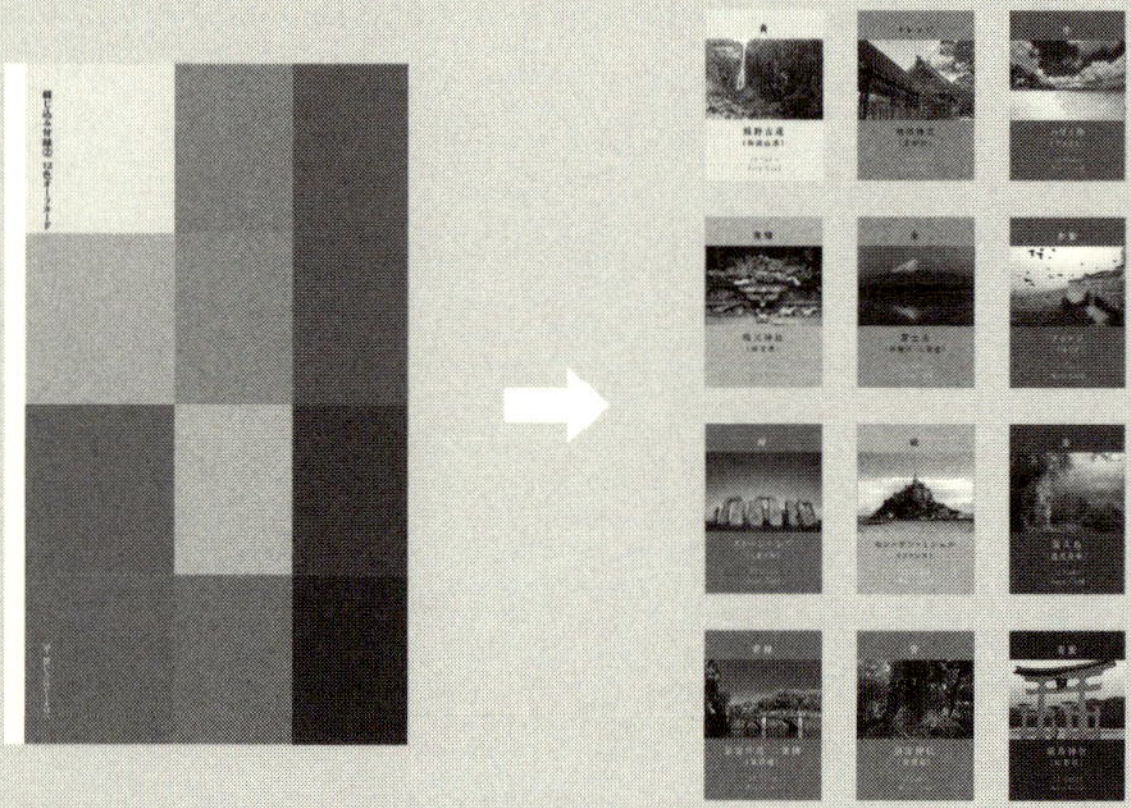

1 気になる色のカードを選ぶ

1つめの使い方は12色の中から、ひかれる色のカードを選びます。綴じ込み付録①の「全国オーラカラーMAP」内の表で、そのオーラカラーの与えるキーワードを確認し、今のあなたに必要だったり重要なことは何かの指針にします。また、裏面の風景写真は、そのパワーが宿る象徴的な場所。実際に行くことができなくてもこのカードをお守りのように身につけて持ち歩いたり、家の好きな場所に飾ることでパワーにあやかれるでしょう。

② 気になる風景のカードを選ぶ

2つめの使い方は、行ってみたいな、と思う風景のカードの反対面の色のキーワードを綴じ込み付録①の表で確認します。今のあなたに必要なのがそのキーワードです。そのカードをお守りに持ち歩きましょう。家の中のよく見える場所に飾ってもよいのです。そこの場所へ行ったようなパワーにあやかれます。

選んで確認

オーラカラーのキーワード

赤	情熱　バイタリティー　指導力　正義感
オレンジ	明朗　協調性　友好的　自然体
黄	陽気　華やか　ユーモア　大らかさ
黄緑	平和　エレガント　安定感　朗か
緑	癒す力　平和主義　柔軟性　なごみ
深緑	責任感　情愛　優しさ　キャリア
紫	崇高　調和　思慮深さ　清楚
青紫	現実主義　親切心　知性　落ち着き
青	冷静沈着　クール　生真面目　堅実
青緑	バランス感覚　客観性　理性的　情愛
金	発想力　叡智　聡明　ポジティブ
銀	一途　理性　忍耐力　決断力

③ 自分が求めるキーワードから選ぶ

3つめは表から、今の自分に必要だと思ったり気になるキーワードを探し、その色のカードを身につけましょう。カードの写真の場所に実際行けるように計画するのもよいでしょう。

④ 旅する土地の色を持って行く

4つめ。旅する時は、「全国オーラカラーMAP」で行き先の色を調べます。その色のカードを携帯すれば、効能をよりパワーアップして受け取れるお守りのような役目になるでしょう。

土地のオーラカラーが表す個性

綴じ込み付録の「全国オーラカラーMAP」や「12色オーラカード」で示しているそれぞれの土地の色。どんな意味があるのか知ったうえで、訪れたり計画をたてて、効能ある旅を楽しんでください。

赤　**北海道、山形、茨城、千葉、大阪、香川、福岡、鹿児島**

大地のエナジーが強く、作物がよく育つことが特徴。赤いオーラの土地は、英気を養うために訪れたい場所です。

オレンジ　**福島、群馬、新潟、岐阜、愛知、山口、愛媛**

柔らかいエナジーで包み込んでくれるオレンジのオーラの土地は、人間関係に疲れた心を癒してくれます。

黄　**山梨、和歌山、長崎、沖縄**

明朗快活な黄色のオーラの土地。ユーモアがあっておおらかに包んでくれるので、息苦しさを抱いている人にもおすすめ。

黄緑　**埼玉、佐賀**

黄緑のオーラの土地には、頑なで偏った心を解きほぐすパワーがあります。ピースフルな安定感を求めたい時にも。

緑　**神奈川、静岡、兵庫、大分**

緑のオーラの土地は、世界とつながる港のある横浜や神戸に代表されるように自由な柔軟さがあり夢が広がります。

赤紫　**青森、長野、滋賀、岡山、高知**

情け深くもピリッとしたエナジーを放つ赤紫のオーラの土地は、岐路に立たされている人に覚悟を備えてくれるでしょう。

紫　**秋田、三重**

紫のオーラの土地のキーワードは崇高。過去の自分と決別し、生まれ変わりたい時にも訪れるとよいのです。

青紫　**岩手、福井、広島、徳島**

青紫のオーラの土地は、クールではあるけれど愛情深いエナジー。どんな人も哲学者に変えてしまう力があります。

青　**宮城、栃木、富山、石川、鳥取**

静寂な雰囲気を放つ青いオーラの土地へ行けば、心の落ち着きを取り戻すことができます。冷静になりたい時に。

青緑　**東京、熊本**

向上心が強く客観性もある青緑のオーラの土地は、仕事をバリバリとこなす一方、無欲になる大切さも教えてくれます。

金　**宮崎**

金のオーラを放つ土地はポジティブなエナジーに満ちています。自分を律したい時に訪れ、叡智に授かりましょう。

銀　**京都、奈良、島根**

スピリチュアルスポットが数多く点在する銀のオーラの土地は、生きることの意味を諭してくれることでしょう。

江原啓之（えはら　ひろゆき）
スピリチュアリスト。一般財団法人日本スピリチュアリズム協会代表理事。1989年にスピリチュアリズム研究所を設立。また、オペラ歌手としても活躍しており、二期会会員。主な著書に『自分の家をパワースポットに変える　最強のルール46』（小学館）、『スピリチュアル・リナーシェ 祈るように生きる』（三笠書房）など。

あなたが輝くオーラ旅　33の法則

2018年2月28日　初版第1刷発行

著　者　江原啓之
発行人　森 万紀子
発行所　株式会社 小学館
〒101-8001 東京都千代田区一ツ橋2-3-1
電話：編集 03-3230-5949　販売 03-5281-3555
印　刷　大日本印刷株式会社
製　本　牧製本印刷株式会社
構　成　丸山あかね
撮　影　木村直軌（表紙カバー、各章扉写真）
村尾昌美（綴じ込み付録〈アッシジ、モン＝サン＝ミシェル〉、P.119〜122）
ヘアメーク＆着付け　渡辺和代（ヘアメイク・ワッズ）
デザイン　APRON（植草可純、前田歩来）
販　売　中山智子
宣　伝　井本一郎
制　作　松田雄一郎
編　集　矢島礼子

ISBN978-4-09-388592-8

コラム写真：山本忠男、高橋よしてる、eStock Photo（以上すべて／アフロ）
綴じ込み付録写真：佐藤哲郎、高橋よしてる、Prisma Bildagentur、石原正雄、robertharding、本橋昴明、富井義夫（以上すべて／アフロ）、ピクスタ

47都道府県聖地の一例

北海道	阿寒《あかん》湖、洞爺《とうや》湖
青森県	岩木《いわき》山
岩手県	花巻《はなまき》
宮城県	鹽竈《しおがま》神社
秋田県	玉川温泉
山形県	出羽三山《でわさんざん》
福島県	二岐《ふたまた》温泉
茨城県	鹿島《かしま》神宮
栃木県	日光二荒山《ふたらさん》神社
群馬県	草津
埼玉県	長瀞《ながとろ》
千葉県	玉前《たまさき》神社
東京都	浅草寺《せんそうじ》、大國魂《おおくにたま》神社
神奈川県	寒川《さむかわ》神社
新潟県	佐渡島《さどがしま》
富山県	立山連峰《たてやまれんぽう》
石川県	白山比咩《しらやまひめ》神社
福井県	永平寺
山梨県	浅間神社
長野県	諏訪大社《すわたいしゃ》
岐阜県	飛騨高山《ひだたかやま》
静岡県	修善寺《しゅぜんじ》温泉
愛知県	熱田《あつた》神宮
三重県	伊勢神宮

滋賀県	比叡山《ひえいざん》
京都府	晴明《せいめい》神社
大阪府	住吉《すみよし》大社
兵庫県	生田《いくた》神社
奈良県	大神《おおみわ》神社、石上《いそのかみ》神宮
和歌山県	摂社神倉《せっしゃかみくら》神社
鳥取県	鳥取砂丘
島根県	出雲大社、八重垣《やえがき》神社
岡山県	牛窓《うしまど》神社
広島県	厳島《いつくしま》神社
山口県	萩
徳島県	鳴門海峡
香川県	金刀比羅宮《ことひらぐう》
愛媛県	松山・道後温泉
高知県	お遍路の霊場
福岡県	宗像《むなかた》大社
佐賀県	武雄《たけお》温泉、嬉野《うれしの》温泉
長崎県	大浦天主堂《おおうらてんしゅどう》
熊本県	阿蘇《あそ》
大分県	二葉山《ふたばやま》神社
宮崎県	天岩戸《あまのいわと》神社
鹿児島県	霧島《きりしま》神宮、妙見《みょうけん》温泉
沖縄県	斎場御嶽《せーふぁうたき》

世界の都市のオーラカラーの一例

ソウル	青
釜山	赤
台湾	オレンジ
香港	黄
シンガポール	紫
バリ島	赤紫
シドニー	青紫
ニューヨーク	青紫

ロサンゼルス	緑
パリ	銀
ニース	黄
ロンドン	緑
ストックホルム	青紫
デンマーク	黄緑
ベルリン	銀
チューリッヒ	赤

ローマ	赤紫
ミラノ	オレンジ
バルセロナ	オレンジ
ブラジル	赤
ハワイ島	赤
オアフ島	オレンジ
マウイ島	赤紫
カウアイ島	青紫

綴じ込み付録①

全国オーラカラーMAP

➤使い方はP.137へ

オーラカラーのキーワード

赤	情熱　バイタリティー　指導力　正義感
オレンジ	明朗　協調性　友好的　自然体
黄	陽気　華やか　ユーモア　大らかさ
黄緑	平和　エレガント　安定感　朗か
緑	癒す力　平和主義　柔軟性　なごみ
赤紫	責任感　情愛　優しさ　キャリア
紫	崇高　調和　思慮深さ　清楚
青紫	現実主義　親切心　知性　落ち着き
青	冷静沈着　クール　生真面目　堅実
青緑	バランス感覚　客観性　包容力　情愛
金	発想力　叡智　聡明　ポジティブ
銀	一途　理性　忍耐力　決断力

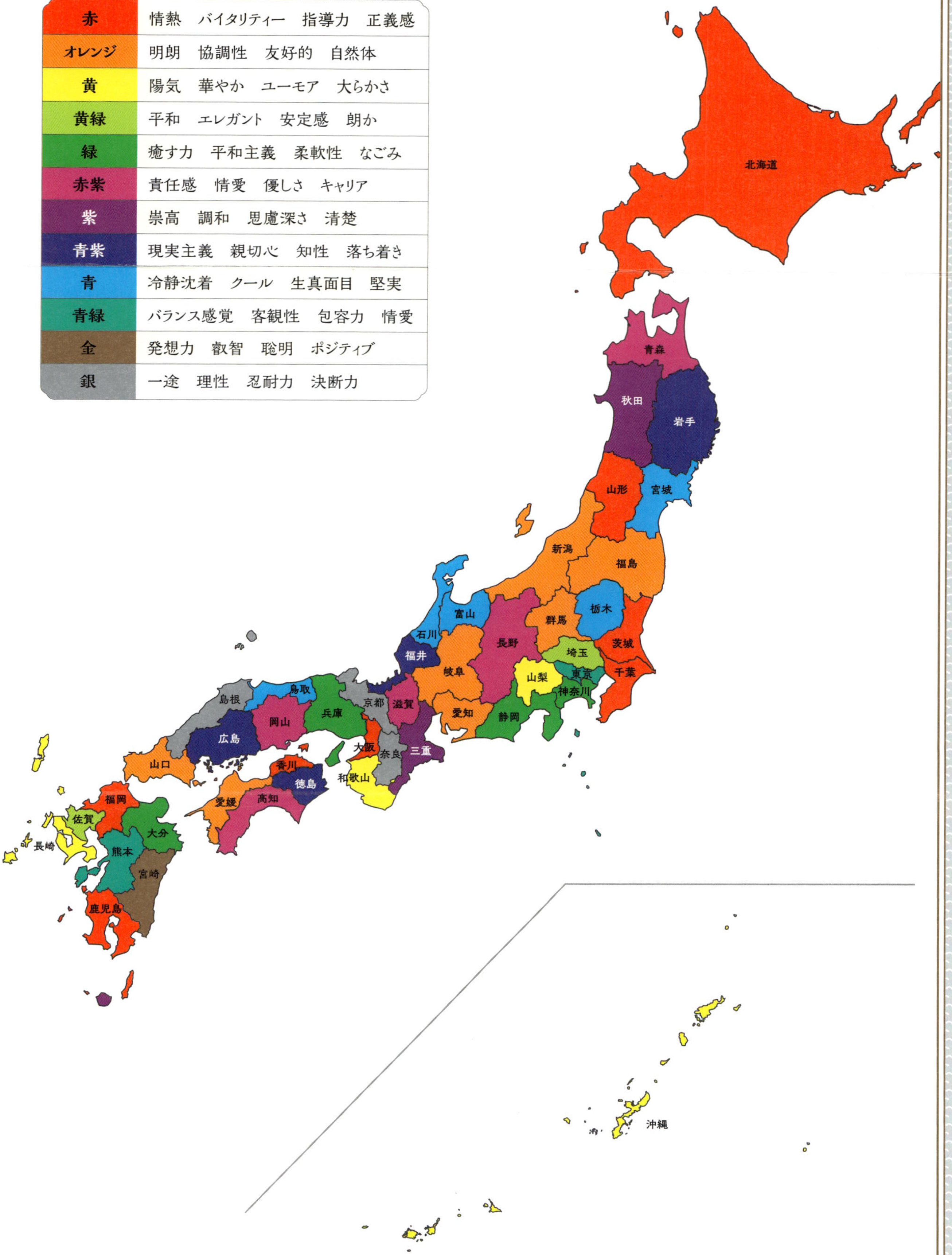

赤

ハワイ島
（アメリカ）

12 Color
Aura Card

オレンジ

熱田神宮
（愛知県）

12 Color
Aura Card

黄

熊野古道
（和歌山県）

12 Color
Aura Card

赤紫

アッシジ
（イタリア）

12 Color
Aura Card

金

富士山
（静岡県・山梨県）

12 Color
Aura Card

黄緑

秩父神社
（埼玉県）

12 Color
Aura Card

紫

屋久島
（鹿児島県）

12 Color
Aura Card

銀

モン＝サン＝ミシェル
（フランス）

12 Color
Aura Card

緑

ストーンヘンジ
（イギリス）

12 Color
Aura Card

青紫

厳島神社
（広島県）

12 Color
Aura Card

青

須佐神社
（島根県）

12 Color
Aura Card

青緑

皇居外苑　二重橋
（東京都）

12 Color
Aura Card

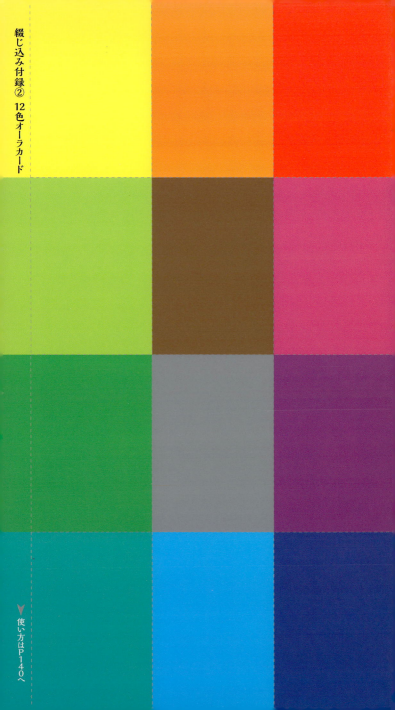

綴じ込み付録②　12色オーラカード

▼使い方はP140へ